农产品质量安全检验检测质量控制

主　编　王　艳
副主编　徐亚平　王小骊

中国质检出版社
中国标准出版社
北　京

图书在版编目(CIP)数据

农产品质量安全检验检测质量控制／王艳主编．
—北京：中国标准出版社，2018.9
ISBN 978－7－5066－9060－7

Ⅰ.①农…　Ⅱ.①王…　Ⅲ.①农产品—质量管理—
安全管理　Ⅳ.①F307.5

中国版本图书馆 CIP 数据核字（2018）第 184469 号

中国质检出版社
中国标准出版社　出版发行
北京市朝阳区和平里西街甲 2 号（100029）
北京市西城区三里河北街 16 号（100045）
网址：www.spc.net.cn
总编室：(010) 68533533　发行中心：(010) 51780238
读者服务部：(010) 68523946
中国标准出版社秦皇岛印刷厂印刷
各地新华书店经销

*

开本 787×1092　1/16　印张 10　字数 169 千字
2018 年 9 月第一版　2018 年 9 月第一次印刷

*

定价 36.00 元

编委会名单

主　编　王　艳

副主编　徐亚平　王小骊

主要编写人员（以姓氏笔画排序）：

万　凯　王　艳　王小骊　王富华　王　媛
王　璐　邓立刚　邓　强　史建荣　吉小凤
朱玉龙　朱智伟　刘　肃　刘海燕　刘　宾
刘　新　刘潇威　孙　月　孙秀梅　牟仁祥
李　云　汪庆华　张　静　陈笑芸　邵　毅
季天荣　岳　晖　周昌艳　郝　青　徐亚平
殷宪超　郭远明　祭　芳　章　寅　楼　飞
雷用东　蔡彦虹　魏　敏

前　言

农产品质量安全事关人民群众身体健康和生命安全，事关农民增收和农业发展，党中央、国务院高度重视，社会公众极为关注。检验检测是农产品质量安全实施科学管理的重要技术支撑，是强化执法监督的技术前置。近年来，我国不断强化农产品质量安全检验检测体系建设，截至2017年，我国共有部、省、市、县四级农业系统质检机构3293个，农业系统质检机构检测人员总数达3.2万人。各级农产品质量安全检测机构配备了相适应的仪器设备，采用标准方法或国际先进检测方法，开展了大量农产品质量安全检验检测工作。质量控制是指将分析测试结果的误差控制在允许限度内所采取的控制措施，是确保检验检测工作质量的重要环节。严格的质量控制措施是科学检验检测数据的有效保障。

本书以粮油产品、蔬果产品、畜禽产品、水产品、食用菌、茶叶、饲料等产品为重点对象，针对目前农产品质量安全检验检测工作广泛关注的重金属、农药残留、兽药残留、微生物、生物毒素等参数，从样品采集、制备、保存、检测、原始记录与检验报告等检验检测全过程，收集和梳理了目前国内外常用检验检测方法的技术要点和质量控制要求，并重点突出了相关关键操作和注意事项。

本书第一章简要介绍了质量控制常用的术语和定义。第二章阐述了检测前的质量控制要求，包括人员、设备、实验材料、检测过程和检测环境等通用要求，以及农产品样品采集、运输和保存过程中的质量控制要求。第三章围绕检测过程，针对不同的检测参数，从前处理和上机检测两个环节详细介绍了质量控制关键技术。第四章重点介绍了检测工作完成后，在数据处理、原始记录和检验报告等方面的要求。

本书参加编写的人员大多长期从事农产品质量安全检验检测和机构运行管理工作，在质量控制方面具备扎实的理论基础和实践经验。本书力争做到内容完整、阐述详尽、操作性强，可供农产品质量安全相关领域检验检测、质量管理、执法监督等广大技术人员和管理人员参考使用。

本书编写过程中参阅了大量文献资料和标准规范，得到了有关单位和专家的大力帮助，在此一并表示衷心的感谢！考虑到版面布局的简洁，本书未一一标注引用文献资料和标准规范的出处。本书内容如与相关标准规范规定有冲突或其他未尽事宜，以官方部门公布的最新标准规范文件为准。

由于时间和水平所限，本书内容可能存在不足和疏漏之处，敬请有关专家和读者批评指正，以便我们进一步完善提高，共同促进我国农产品质量安全检验检测技术水平的提升。

编者

2017 年 12 月

目　录

第一章 定义及基础知识

1. 质量控制

质量控制是指为达到质量要求所采取的作业技术和活动。即质量控制是为了通过监视质量形成过程，消除质量环节上所有阶段引起不合格或不满意效果的因素，以达到质量要求、获取经济效益，而采用的各种质量作业技术和活动。

2. 检验

检验是指基于测试数据或者其他信息来源，依靠人的经验和知识，对测试对象是否符合相关规定进行判定的活动。其输出为判定结果。

3. 检测

检测是指依据相关标准和技术规范，使用仪器设备，在规定的环境条件下，按照相应程序对测试对象的属性进行测定或者验证的活动。其输出为测试数据。

4. 准确度

准确度是指测定结果与被测量真值或约定真值间的一致程度。准确度由正确度和精密度决定。

5. 正确度

正确度是指大量测定结果的平均值与真值或接受参照值之间的一致程度。正确度的度量通常以偏倚表示。

应采用至少3个浓度水平对方法的正确度进行验证。验证时，应首先考虑使用有确定含量的有证标准物质。如没有可采用的标准物质，应在具有代表性的样品基质中添加至少3个浓度水平进行评价，添加浓度水平应包含方法测定范围内的最低浓度水平（定量限）、关注浓度水平和最高浓度水平。对于不得检出的物质，可选择定量限、2倍定量限和10倍定量限3个浓度水平；对于已设定限量值的物质，可选择低于限量值（如限量值的1/2）、限量值和高于限量值（如限量值的2倍）3个浓度水平；对于未设定限量值的物质，可选择定量限、食品中的一般含量水平（平均或中位数含量）和较高含量水平（95%分位数等）3个浓度水平。每个水平重复次数不少于6次，计算其回收率的平均值，平均回收率原则上符合表 1－1 要求，在具体方法中已做规定的以具体规定为准。

表 1－1 不同含量水平的正确度要求

含量水平/(mg/kg)	回收率范围/%
>100	95～105
1～100	90～110
0.1～1	80～110
<0.1	60～120

6. 精密度

精密度是指在规定的条件下，相互独立测定结果间的一致程度。精密度的度量通常以测定结果的标准差来表示。

精密度包括重复性和再现性两个部分。

重复性：在重复性条件下，相互独立的测试结果之间的一致程度。

重复性条件：在同一实验室，由同一操作者使用相同设备、按相同的测试方法，并在短时间内从同一被测对象取得相互独立测试结果的条件。

再现性：在再现性条件下，相互独立的测试结果之间的一致程度。

再现性条件：在不同实验室，由不同的操作人员使用不同的设备，按相同的测试方法，从同一被测对象取得相互独立测试结果的条件。

重复性限：一个数值，在重复性条件下，两个测定结果的绝对差小于或等于某一特定限值的概率为 95%，这一特定限值即为重复性限。重复性限符号为 r。

再现性限：一个数值，在再现性条件下，两个测定结果的绝对差小于或等于某一特定限值的概率为 95%，这一特定限值即为再现性限。再现性限符号为 R。

精密度表示方法如下：

（1）重复性条款

1）当精密度用绝对项表示时：在重复性条件下获得的两次独立测试结果的绝对差值不大于……，以大于……的情况不超过 5%为前提。

2）当精密度用相对项表示时：在重复性条件下获得的两次独立测试结果的绝对差值不大于这两个测定值的算术平均值的……%，以大于这两个测定值的算术平均值的……%情况不超过 5%为前提。

3）当精密度与分析浓度有关时：在重复性条件下获得的两次独立测试结果的测定值，在以下的平均值范围内，这两个测试结果的绝对差值不超过重复性限（r），超过重复性限（r）情况不超过5%，重复性限（r）采用线性内插法求得。

（2）再现性条款

1）当精密度用绝对项表示时：在再现性条件下获得的两次独立测试结果的绝对差值不大于……，以大于……的情况不超过5%为前提。

2）当精密度用相对项表示时：在再现性条件下获得的两次独立测试结果的绝对差值不大于这两个测定值的算术平均值的……%，以大于这两个测定值的算术平均值的……%情况不超过5%为前提。

3）当精密度与分析浓度有关时：在再现性条件下获得的两次独立测试结果的测定值，在以下的平均值范围内，这两个测试结果的绝对差值不超过再现性限（R），超过再现性限（R）情况不超过5%，再现性限（R）采用线性内插法求得。

对于重复性，验证方式和含量水平与再现性一致。在重复性条件下，多次测定分析的相对标准偏差通常为再现性条件下的1/2～2/3，其相对标准偏差应符合表1－2的要求，具体方法已做规定的以具体规定为准。

表1－2　不同含量水平对重复性的要求

含量水平	质量分数 w	相对标准偏差/%
0.1 μg/kg	10^{-10}	≤43
1 μg/kg	10^{-9}	≤30
10 μg/kg	10^{-8}	≤21
100 μg/kg	10^{-7}	≤15
1 mg/kg	10^{-6}	≤11
10 mg/kg	10^{-5}	≤7.5
100 mg/kg	10^{-4}	≤5.3
1000 mg/kg	10^{-3}	≤3.8
1%	10^{-2}	≤2.7
10%	10^{-1}	≤2.0
100%	1	≤1.3

对于再现性，每种试样应采用有证标准物质、标准物质或标准添加样品至少做3个浓度水平的验证试验，每个浓度水平应从一个均匀试样中至少取6份

进行独立分析，其相对标准偏差原则上应符合表 1－3 的要求，具体方法已做规定的以具体规定为准。

表 1－3　不同含量水平对再现性的要求

含量水平	质量分数 w	相对标准偏差/%
0.1 μg/kg	10^{-10}	≤64
1 μg/kg	10^{-9}	≤45
10 μg/kg	10^{-8}	≤32
100 μg/kg	10^{-7}	≤23
1 mg/kg	10^{-6}	≤16
10 mg/kg	10^{-5}	≤11
100 mg/kg	10^{-4}	≤8
1000 mg/kg	10^{-3}	≤6
1%	10^{-2}	≤4
10%	10^{-1}	≤3
100%	1	≤2

7. 特异性

特异性是指方法定性区分待测物和其他物质的能力。

8. 检出限

检出限是指由特定的分析方法能够合理地检测出的最小分析信号求得的最低含量或质量。

（1）方法的理论检出限：一般把 3 倍空白值的标准偏差或 3 倍信噪比相对应的质量或浓度作为理论检出限。一般分析 20 个代表性空白样品，记录目标分析物出现区域的噪声数值（信号、峰等），计算其平均值，3 倍噪声数值的平均值对应的样品浓度即为方法的理论检出限。

（2）方法的实际检出限：方法的实际检出限是以理论检出限为基础，制备适当的浓度梯度的有证标准物质或标准添加样品。对于有容许限量规定的目标分析物，每一个浓度水平独立检测 10 个有证标准物质或标准添加样品，检出概率为 50%时的浓度水平即为方法的实际检出限。对于规定为不得检出的目标分析物，每一浓度水平独立检测 20 个有证标准物质或标准添加样品，检出概率为 95%时的浓度水平即为方法的实际检出限。

9. 定量限

定量限是指样品中被测物能被定量测定的最低量，其测定结果应满足该最

低量时正确度和精密度要求。

方法的定量限：以不低于3倍检出限或10倍信噪比对应的质量或浓度作为方法的定量限。方法的定量限应满足以下条件：定量限加样品关注浓度水平的3倍标准偏差应小于关注的浓度水平（如容许限量），方法的定量限应不超过关注浓度水平（如容许限量）的1/2；定量限应采用同样浓度水平的有证标准物质、标准物质或标准添加样品进行验证，其正确度和精密度应满足该浓度水平下方法正确度的回收率范围和重现性条件下精密度的要求。

10. 标准物质

标准物质是指具有一种或多种足够均匀和很好地确定了的特性，用以校准测量装置、评价测量方法或给材料赋值的一种材料或物质。其中有证标准物质是指附有证书的标准物质，某一种或多种特性值用建立了溯源性的程序确定，使之可溯源到准确复现的表示该特性值的测量单位，每一种出证的特性值都附有给定置信水平的不确定度。

11. 标准添加

标准添加是指向待测样品中加入已知量的待测物，用于验证方法正确度和精密度。

12. 回收率

回收率是指分析测定回收的待测物占实际待测物含量的百分比。

13. 空白试验

空白试验是指在不加样品的情况下，用与测定样品相同的方法、步骤进行定量分析，把所得结果作为空白值，从样品的分析结果中扣除的试验。这样可以消除由于试剂不纯或试剂干扰等所造成的系统误差。其是分析化学实验中常用的一种方法，它可以减小实验误差。空白试验除不加试样外，应与测定平行进行，并采用相同的分析步骤，取相同量的试剂（滴定法中标准滴定溶液的用量除外）。在某些情况下，不加试样可能导致空白试验条件与实际测定条件不同，影响分析方法的应用，此时应对空白试验的分析步骤进行必要的调整，必要时，仍应使空白试验与测定所用的试剂量相同。

14. 物质的量浓度

物质的量浓度是指物质的量除以混合物的体积，用符号 c 表示。c 的SI单位为 mol/m^3，分析化学中常用的单位为mol/L。按规定，“浓度”二字单独使用时，就是指物质的量浓度。标准滴定溶液浓度以物质的量浓度表示。

15. 质量浓度

质量浓度是指质量除以混合物的体积，用符号 ρ 表示。ρ 的 SI 单位为 kg/m^3，分析化学中常用 g/L 或 mg/L 或其分倍数表示。农兽药标准溶液和元素标准溶液用质量浓度表示。

16. 质量分数

质量分数是指溶液中溶质的质量与溶液质量之比，也指混合物中某种物质质量占总质量的百分比。用符号 w 表示，质量分数是无量纲量，单位为 1。

17. 体积分数

体积分数是指某物质的体积与总体积之比，用符号 φ 表示。体积分数是无量纲量，单位为 1。

18. 体积比

体积比是指某物质的体积与另一物质的体积之比，用符号 Ψ 表示。体积比是无量纲量，单位为 1。几种固体试剂的混合质量份数或液体试剂的混合体积份数可表示为“1+1”“4+2+1”等。

第二章 检测前质量控制

第一节 通用要求

农产品质量安全检验检测机构检测前质量控制主要适用于从事农产品中重金属、农药残留、兽药残留、微生物、生物毒素、转基因等检测的检验检测机构的质量控制。影响农产品质量安全检验检测机构质量控制的主要因素有“人、机、料、法、环”五个方面。人，指从事检验检测相关的人员；机，指检验检测所用的设备；料，指检验检测所使用的材料；法，指检验检测所使用的方法；环，指检验检测过程中所处的环境。为保障检验检测工作在良好的条件中检测出准确的结果，一般通用要求如下。

一、人员的质量控制

农产品质量安全检验检测机构应有与其进行农产品中重金属、农药残留、兽药残留、微生物、生物毒素及转基因等检验检测活动相适应的检测技术人员和管理人员。检测技术人员主要包括检验检测的操作人员、结果验证或核查人员。管理人员指对质量、技术负有管理职责的人员，包括最高管理者、技术负责人、质量负责人等。检验检测机构管理人员应由具备专业技术能力的人员组成，专业技术的范围包括物理、化学、食品工程、食品卫生、食品安全等，最高管理者应对检验检测机构的整体运行和管理负责，确保检验检测工作的质量。

检验检测机构的技术负责人、授权签字人是与机构的技术能力、技术水平、结果质量密切相关的关键人员，其技术职称、工作经验等应符合要求。检验检测机构应确保这些人员胜任且受到监督，并依据管理体系的要求工作。

（一）人员需具备的条件

（1）要树立高尚的职业道德，热爱本职工作，钻研分析检测技术，培养科学作风。

（2）应经培训，考试合格后方能承担相应的分析测试工作。

（3）对所承担的分析测试项目应熟悉方法原理，严守操作规程，以使操作准确无误。

（4）认真做好分析测试前的各项准备工作，测试条件均符合实验室分析质量控制的要求。

（5）检验人员应掌握实验室检验水、电、气以及常用化学试剂的安全操作知识。

（6）检验人员应在检验过程中遵守相关预防措施的规定，保证自身安全。

（7）严格执行检测分析质控的有关规定，发现异常数据应及时查找原因进行纠正，以保证数据质量。

（8）认真填写检测分析结果，实事求是，严禁伪造数据，校对严格，做到准确无误。

（9）了解国内外农产品检测技术发展动态、新技术和新方法。

（二）人员的培训与监督

农产品检测中其分析物的浓度一般在 μg/kg 至 mg/kg 范围内，各检测步骤都应严格、科学进行，操作人员的技术水平直接影响检测数据的准确性。检验检测机构水平的高低优劣很大程度上取决于人员的素质和水平，日常人员的质量控制主要包括三个环节，一是持证上岗、二是持续培训、三是日常质量监督。

1. 持证上岗

实验室所有从事抽样、检测、签发检测报告、操作设备的人员都必须持证上岗。上岗前的资格确认方式根据工作的复杂程度、个人的学历经验水平等确定。上岗的授权必须明确、具体，如授权进行某一项抽样、检测工作，签发某范围内的报告，操作某一台设备等。从事特殊产品检测活动的实验室，还需要注意识别相关法律、行政法规对从业人员资格的要求，并确保其专业技术人员或管理人员符合相关规定要求。

同时实验室对新培训或者上岗一段时间的检验人员，需要做阶段性的考核评价，并保存所有人员的资格、培训、技能和经历的档案。考核合格者，颁发有关资格证书，发文备案，准予上岗。考核不合格者，限期培训直至重新考核合格，在此期间不得参加相应范围内的工作。拒绝考核者，不得上岗。

2. 持续培训

为了确保实验室上岗人员持续具有相关能力，实验室应对人员制定长期和短期的培训计划，提高专业技术知识和技能，培训内容主要包括基础理论知识和实际操作能力。基础理论知识主要包括标准化知识、计量基础知识、质量检验、监督、质量管理、检测数据处理等。实际操作能力主要包括检测、检验工作中制样技术和技能；仪器设备的使用、维护、保养；工作中的安全操作，应急处理技术。培训的原则是干什么、学什么、缺什么、补什么；学用一致，专业对口；按需培训，岗位培训为主，兼职学习或脱产学习为辅，普遍地提高人员素质，保证检测质量。同时实验室还应对所做的这些培训活动的有效性进行评价。同时为了确保培训的有效性，实验室可以通过能力验证、人员比对、操作观察、内部或外部审核等方式来证明人员的能力，确保人员培训的有效性。

3. 日常质量监督

日常质量监督主要是实验室质量监督员在日常工作中对人员进行的质量监督，进一步确认其上岗的资格，确保其不会对实验室的质量管理体系、结果质量等造成不利影响。

此外，要树立技术人员和管理人员的公正性和质量意识，让其真正意识到质量的重要性，从而主动参与到质量控制技术中来，认真负责完成检测工作，将检测质量作为实验室的第一生命。

二、设备的质量控制

仪器设备的质量控制主要包括四方面重要内容：一是仪器设备配备及其配备率；二是仪器设备的运行维护；三是仪器设备管理员、使用员等人员控制；四是仪器设备的标识管理。

（一）仪器设备配备及其配备率

仪器设备的数量、性能应满足所开展检测工作的要求，配备率应不低于90%。所有设备（包括软件）必须经过培训并授权人员进行管理，并对仪器设备定期进行维护和保养，确保各项技术指标和功能满足检测需要。在用仪器设备的完好率应为100%，并进行正常的维护。目前，自动化设备的使用使实验结果对设备状况的依赖程度越来越高，所以设备状况非常重要。对设备的管理，要制定设备的标准操作规程、使用权限，要有专人管理，及时让厂家进行校准和确认；软件系统的参数设置、试验的判定规则、检测结果的有效性都需经质量主管确认，数据由专人定期备份保管。

仪器设备的配置需根据各自的检测项目而定，如重金属检测建议配备设备如下：电子天平、原子吸收分光光度计（配火焰、石墨炉）、等离子发射光谱仪、等离子发射光谱质谱仪、微波消解系统、消解炉、电热板、组织粉碎机、高速匀浆机、离心机、振荡器、冰箱、冰柜（-16~-20 ℃）等。

农药、兽药残留检测建议配备设备如下：电子天平、气相色谱仪（配 FID、FPD、ECD、NPD 等检测器）、液相色谱仪（配紫外-可见检测器、荧光检测器、柱后衍生装置）、气相色谱仪-质谱联用仪（配 EI、NCI、PCI 离子源）、液相色谱-质谱联用仪（配 ESI、APCI 离子源）、组织粉碎机、高速匀浆机、离心机、真空泵、真空旋转蒸发器、氮吹仪、振荡器、层析柱、抽滤装置、冰箱、冰柜（-16~-20℃）等。

微生物检测建议配备设备如下：超净工作台、生物安全柜、电热恒温培养箱、隔水式恒温培养箱、生化培养箱、霉菌培养箱、厌氧培养箱、电热鼓风干燥箱、高压灭菌器、电子天平、显微镜、恒温水浴锅、摇床、pH 计、电导率仪、浊度仪、离心机、冰箱、超低温冰箱、细菌检定仪和酶标仪等。

生物毒素检测建议配备设备如下：液相色谱质谱联用仪、高效液相色谱仪（配有荧光检测器）、紫外可见分光光度计、酶标仪、高速离心机、电子天平、氮吹仪、小型粉碎机等仪器设备及其他相应的辅助仪器设备。

转基因检测建议配备设备如下：定量 PCR 仪、普通 PCR 仪、电泳仪、凝胶成像仪、紫外分光光度计、超净工作台、冰箱（低温或超低温）、水浴锅、离心机、分析天平、pH 计、酶标仪、高压灭菌锅、超净工作台等。

（二）仪器设备的运行维护

实验室应对所有仪器设备进行正常维护，建立维护保养程序，明确维护仪器项目和保养周期，定期进行维护保养并做好相应的记录，使仪器设备始终处于完好的状态。

仪器设备的运行维护包括仪器设备的检定/校准、仪器设备的期间核查、仪器设备的维修维护等行为。对于可能影响检测/校准结果准确性的仪器设备的关键值，实验室应根据仪器设备的工作周期要求，制定检定/校准计划，并在仪器设备使用前对其进行检定/校准，以确保结果准确性，对于检定/校准证书应进行确认，确认能满足检测方法标准的要求。同时实验室应针对仪器设备的性能不稳定、漂移率大的、使用非常频繁的和经常携带运输到现场检测以及在恶劣环境下使用的仪器设备进行期间核查。

期间核查是评审中的重要内容，针对的是在用仪器设备。

（1）关于期间核查的概念。期间核查不是一般的功能检查，更不是缩短检定校准周期。其目的是在两次正式检定的间隔期间防止使用不符合技术规范要求的设备。

（2）关于期间核查的重点。期间核查的对象主要是仪器设备的性能不够稳定、漂移率大的、使用非常频繁的和经常携带运输到现场检测以及在恶劣环境下使用的仪器设备。不是所有的仪器设备都要进行期间核查，对无法寻找核查标准（物质）的（如破坏性试验）也无法进行期间核查。

（3）开展期间核查方法是多样的，基本上以等精度核查的方式进行，如仪器间的比对、方法比对、标准物质验证、加标回收、单点内部校准等都是可以采用的。

（4）实验室进行期间核查后，应对数据进行分析和评价，判断是否能满足检测方法标准的要求，以求真正达到期间核查要求的目的。对经分析发现仪器设备已经出现较大偏离，可能导致检测结果不可靠时，应按相关规定处理，直到经证实的结果满意方可投入使用。

（5）实验室应编制期间核查程序，确定核查清单，按计划和程序要求实施。

当仪器设备经校准给出一组修正因子时，实验室应制定程序，确保有关数据得到及时修正，计算机软件也应得到更新。只有对修正因子的正确应用而不是忽视，才能确保检测数据的准确可靠。

实验室使用未经定型的专用检测仪器，需提供技术机构对该设备的验证证明，以增强该设备出具数据的可信度。其方法有：使用有证标准物质（参考物质）来给出可靠的物理或化学特性；可以通过三台以上同类仪器设备对可分割的同一样品进行比对，用于综合性检验的仪器设备，可通过对该设备的基本参数的校验来进行。如这类仪器带有内部校准程序，还必须包括用内部校准程序进行内部校准等。对未经定型的专用仪器设备，在资质认定时，应当检查该仪器设备是否经具备资格的检定或校准部门验证其可靠性，经验证符合要求的，方可作为实验室的能力加以认定。

（三）仪器设备管理员、使用员等人员控制

实验室应设立仪器设备管理员，对所有仪器设备的技术档案进行建档和管理。技术档案包括购置时间、厂家、型号、说明书、接收启用日期和验收记录、设备使用和维护记录、设备修理记录、设备存放地点等。应当强调的是，建立档案的要求主要是指对检测有重要影响的仪器设备，并且应以一机一档的方式

建立档案，这样的档案应包含该仪器设备的基本信息，如同检测人员的技术档案一样，实施动态管理，及时补充相关的信息和资料内容。同类的多个小型计量器具应一类一档，如温度计则可建立一个档案，集中存放相关材料。每台仪器设备都有明确规定的人员进行操作，尤其是针对重要的、关键的仪器设备，操作技术复杂的大型仪器设备，实验室应指定专门的操作人员操作，操作人员应经过培训考核，持证上岗，未经指定的人员不得动用该设备。

（四）仪器设备的标识管理

实验室仪器设备的标识管理是检查仪器设备处于受控管理的有效措施。仪器设备的状态标识一般分为“合格”“准用”和“停用”三种，通常以“绿”“黄”“红”三种颜色表示，具体标志为：

（1）合格标志（绿色）：经计量检定或校准、验证合格，确认其符合检测技术规范规定的使用要求的。

（2）准用标志（黄色）：仪器设备存在部分缺陷，但在限定范围内可以使用的（即受限使用的），包括：多功能检测设备，某些功能丧失，但检测所用功能正常，且检定校准合格者；测试设备某一量程准确度不合格，但检验（检测）所用量程合格者；降级后可使用的仪器设备。

（3）停用标志（红色）：仪器设备目前状态不能使用，但经检定校准或修复后可以使用的。停用仪器设备包含：仪器设备损坏者；仪器设备经检定校准不合格者；仪器设备性能无法确定者；仪器设备超过周期未检定校准者；不符合检测技术规范规定的使用要求者。

（4）状态标识中应包含必要的信息，如检定校准日期、有效期、检定校准单位、设备编号、确认人等。

所有仪器设备均应有明显的标识来表明其状态。若这种做法不可行，如密度计无法加贴标识，可以通过包装盒上加贴标识并严格实施包装盒与密度计的对应管理来实现。仪器的质量控制除了上述共性之外，还存在一定的个性问题，这些个性问题与相应的检测项目有关。

对于影响检测工作质量、又不需要检定或校准的装置需进行核查，检查其功能是否正常，以证实其能够满足检验检测的规范要求和相应标准的要求。功能正常的设备也应实施标识管理。核查由检验检测机构进行，要编制核查操作规程和评价指标，核查要有记录和评价结论。

三、实验材料的质量控制

实验材料的质量控制主要涉及试验用水、试验用气、试验试剂、试验耗材等消耗性材料。这些材料的品质和稳定性，是决定农产品检测过程质量控制的关键因素之一。

（一）试验用水

实验室用水（购买或室内自制）都需要定期检验，必须满足实验需求方可使用。

按照国家标准规定，实验室用水分为三个等级，应在独立的制水间制备。

（1）一级水：一级水用于严格要求的分析试验，基本上不含有溶解杂质或胶态离子及有机物，可以是用二级水经进一步处理制得。例如，可以将二级水经过再蒸馏、离子交换混合床、0.2 μm 滤膜过滤等方法处理，或用石英蒸馏装置做进一步蒸馏制得。一级水用于液相色谱或超痕量物质的分析。

（2）二级水：含有微量的无机、有机或胶态杂质，可用蒸馏水、反渗透或离子交换法制得的水进行再蒸馏的方法制备，用于元素分析等试验。

（3）三级水：三级水用于一般化学分析试验，可以用蒸馏或离子交换等方法制取。

试验用水在贮存期间，水样污染的主要原因是聚乙烯容器可溶成分的溶解或吸收空气中的二氧化碳和其他杂质。所以，一级水应现用现制，不贮存。二级水经适量制备后，可盛装在预先经过同级水充分清洗过的、密闭的聚乙烯容器中，贮存于空气清新的洁净实验室内。

实验室用水等级的检查，应按照 GB/T 6682—2008《分析实验室用水规格和试验方法》规定执行。

（二）试验用气

为保证实验室仪器设备及检测人员安全，使用的乙炔气瓶和氢气瓶应放置在单独的通风良好的房间，同时远离火源。乙炔气瓶应定期进行质量检查，乙炔气瓶中的气体是溶解在丙酮中的，随着钢瓶内压力降低，进入火焰中的丙酮浓度会增加。当使用富燃性或测定波长位于紫外区的元素时，会因混入丙酮引起测定误差。所以，当乙炔气瓶压力小于 0.5 MPa 时，应及时更换。

（三）试验试剂

化学试剂的使用必须遵守以下原则：

（1）取用化学试剂前应检查试剂的外观，注意其生产日期，不能使用失效的试剂，如怀疑有变质可能，应经检验合格后再用，使用中要注意保护瓶上的标签，如有脱落应及时贴好，如有损毁则应照原样补全并贴牢；

（2）取用液体试剂只准倾出使用，不得在试剂瓶中直接吸取，倒出的试剂不可再倾回原瓶中，倾倒液体试剂时应使瓶签在上方，以免淌下的试剂腐蚀瓶签；

（3）取用固体试剂时应遵守“只出不回，量用为出”的原则，倾出的试剂有余量者不得倒回原瓶，所用的药匙应清洁干燥，不允许一匙多用。

化学试剂的保存应注意：

（1）分类摆放，应按照各种化学试剂的化学性质分类保管，性质稳定的固体盐类可按阳离子或阴离子分类，分开摆放，取用后及时放回原处；

（2）剧毒试剂（如三氧化二砷等）应贮存于保险柜中，并有专人保管；

（3）易挥发的试剂（如盐酸、硝酸等）应贮存在有通风设备的房间内或者试剂柜内；

（4）易燃、易爆试剂应贮存在铁皮柜或砂箱中；

（5）根据所用试剂的物理化学性质，排除由于空气、温度、光照、杂质含量等影响，贮存在安全的地方；

（6）易制毒试剂应单独存放在试剂柜中，试剂柜应上锁，且有机试剂和无机试剂应分开存放。

每批次试验试剂在使用前应按照检测方法标准规定的要求进行检查，检查是否对被测物有干扰，如有干扰应采取必要的净化措施或更换试剂。

（四）试验耗材

实验室确保购买的所有影响检测结果的耗材验收符合，并保存有关符合性检查的记录。验收可通过空白试验、检测质量控制样品等方式来实现。

用于柱层析净化的佛罗里硅土、氧化铝、活性炭，需经过高温灼烧和冷却活化，然后根据实验确定的要求加水进行活化，并保存在密闭的容器中；柱层析最为有效的试剂使用量的质量控制方法就是采用农药残留标准物质进行淋洗曲线试验，其作用是可以掌握作为层析柱填料的各种物质的吸附净化能力，及时调整淋洗液用量，保证样品净化分离的最佳效果。

对于固相萃取柱（如弗罗里硅土柱等），实验室应对新购同一批次的产品按照统计方法随机挑选一批，进行稳定参数的回收率测定，经仪器确认回收率正常后方可使用。

每批次试验耗材在使用前应按照检测方法标准规定的要求进行检查，检查是否对被测物有干扰，如有干扰应采取必要的净化措施或更换耗材。

（五）标准物质

标准物质是农产品定量检测的准绳，其质量控制的核心是保证标准物质的相对纯度和有效性。

1. 标准物质的采购

一般标准物质应向有资质证书的较大型公司采购，能够提供相应的证书。质量保证的模式通常有：（1）获得国家标准物质生产许可证；（2）有计量部门出具证书证明其级别和不确定度；（3）出厂期不超过一年（或者保质期内）；（4）符合国家或者行业标准的且附有质量合格证明的实物标准。保证所采购标准物质的品质、纯度符合检测结果的需要，防止误用质量不好、含有异构体的标准物质，而最终影响检测结果的准确度。

2. 标准物质的验收

标准物质的验收内容包括品名与购买要求是否一致；包装、外观是否正常；标识是否清晰、完整；有无证书；是否在证书声明有效期内等。标准物质购买后应造册登记，登记的内容包括：名称和编号、研制和生产单位、规格、数量、成分、标准值的不确定度、生产日期、有效日期、用途。

3. 标准溶液的配制与检验

标准品如果是固体的，称量时要快、准，不能用称量纸称量，溶解和定容所用溶剂与样品预处理所用溶剂相同。如果标准品或标准物质是液体，按照操作规程配制。

标准滴定溶液应按照GB/T 601—2016《化学试剂　标准滴定溶液的制备》进行配制；杂质测定用标准溶液按GB/T 602—2002《化学试剂　杂质测定用标准溶液的制备》进行配制。农兽药标准溶液按相关标准配制。标准溶液配制后，一定要注明有效期和标准溶液编号。

在配制混合标准溶液时还要依照各组分响应值的大小，取不同量配制，使各组分响应值大致持平。

标准曲线是描述待测物质量浓度与测量仪器响应值之间定量关系的曲线。标准曲线的质量与样品测定结果的准确度有着极为密切的关系。因此，每次分析时应配制标准工作系列，并在仪器上测定其标准工作系列并绘制标准曲线，通过标准曲线进行定量。由于低浓度标准溶液稳定性差，易挥发导致溶液浓度降低，因此在测样时，先做单点或多点校正，以确定其浓度的变化，以便及时重新配制标准溶液，从而确保测定结果的准确性和再现性。当标准工作液接近保存期限时，新配制的标准工作液可与将要弃置的标准溶液进行测定比较（至少进行平行试验 5 次），如果新溶液测定均值与旧溶液均值差异大于±5%，则要更新配制溶液，并缩短标准溶液的保存期或改善保存条件；如果条件允许，标准品和样品定容用的玻璃容器应分开使用，避免交叉污染。避免使用过度刮擦或者蚀刻的玻璃容器。所有玻璃器具、试剂、溶剂和水在使用前都应通过空白试验，检查是否有可能的干扰性污染物。

4. 标准（溶液）物质的保存和使用

要求如下：（1）各种标准溶液必须按照其化学性质进行配制和保存；（2）配制好的标准溶液应使用能密闭的硬质玻璃瓶或塑料瓶贮存，不得保存在容量瓶中；（3）标准工作溶液应在每次实验时现行稀释，在有效期内使用；（4）储备标准溶液应在低温保存，用前充分摇匀，适量倾出于干燥洁净的容器中，置室温下平衡温度后使用，剩余部分应弃去，不得倾回原瓶；（5）对光敏感的物质，其储备标准溶液应装在棕色瓶内，塞紧后保存于阴凉避光处；（6）标准溶液的容器标签上必须准确标注配制日期、浓度（或质量浓度）、配制人姓名、有效期、编号；（7）标准物质应有配制记录。配制记录应标明溶液名称、浓度（或质量浓度）、介质、配制人、配制日期、有效期及编号；（8）如果标准物质在使用过程中发现浓度降低或增加等特性变化，必须立即停止使用，及时追溯使用该标准物质产生的结果，确定这些结果的准确性；（9）标准溶液不得保存在容量瓶中放在冰箱中保存。

5. 标准物质期间核查

（1）标准品核查

未开封的标准品免核查。对于开封的标准品，检查标准物质是否在有效期内、保存条件是否符合要求、容器是否有损伤、标准品有无变色、结块等现象。

（2）储备溶液及标准滴定溶液核查

检查储备液及标准滴定溶液是否在有效期内、保存条件是否符合要求、容

器是否有损伤、有无沉淀、有无变色等现象。必要时，通过上机测试并比较与前次的峰形和峰面积确认储备液有效性。标准滴定溶液两个月复标一次。

（六）标准菌株

1. 菌种的购买和验收

标准菌种应从专业的菌种保藏机构购买，并且要其能提供溯源性证明。标准或质控菌株主要来源有中国工业微生物菌种保藏管理中心（CICC）、中国医学微生物菌种保藏中心（CMCC）、美国标准菌株保藏中心（ATCC）等机构。菌种的验收是指菌种管理员进行菌种的初步验收，包括检查外包装、数量及菌种外观。要求外观无破损，标识正确清楚，数量正确，有标准菌种编号和溯源性证明资料。微生物检测室验收菌种还包括技术性鉴定菌种、检查标准菌种编号和溯源性证明资料是否相符以及菌种活力是否足够等。

2. 标准菌株活化

菌株活化后、保存前，需要进行菌株验证，保证纯度，可通过观察菌落形态、革兰氏染色或用生化试验进行鉴定。标准菌株获得后，需要依据生产商指引进行菌种复苏（通常悬浮于营养肉汤中适宜时间进行复苏）。根据菌种类别的不同，标准/质控菌株（冻干菌株）活化选用不同液体/固体培养基，详见表 2－1。ATCC 菌株请按购买说明书中的“推荐培养基”使用。

表 2－1　菌种活化常用培养基

菌种类型	液体培养基	固体培养基
普通细菌	营养肉汤（NB） 胰蛋白胨大豆肉汤（TSB） 脑心浸液培养基（BHI） 胰酪胨大豆酵母浸膏肉汤（TSB－YE）	营养琼脂（NA） 胰蛋白胨大豆琼脂（TSA） 脑心浸液琼脂（BHI） 胰酪胨大豆酵母浸膏琼脂（TSA－YE）
真菌	真菌培养基	马铃薯葡萄糖琼脂培养基
乳酸菌	MRS 肉汤	MRS 琼脂（MRSA）
嗜盐性弧菌	含 3% NaCl 的 TSB	含 3% NaCl 的 TSA

菌株活化注意培养温度和氧气条件。大多数微生物最适生长温度为 26～37 ℃；嗜冷微生物最适生长温度为 18～25 ℃，如耶尔森氏菌；嗜热微生物最适生长温度为 45～70 ℃，如嗜热脂肪芽孢杆菌。

3. 菌种保存

将购回的原代菌种按其说明书或有关资料说明接种斜面试管若干支，并于相应的温度培养，培养后2~8 ℃或-80 ℃保存。低温（2~8 ℃）条件下，除霉菌保质期为3个月外，其余菌种保质期均为1个月。每次传代时挑取一环菌种，划线接种到普通营养琼脂平板，进行菌种鉴定。保存的菌种应有相应的标识，包括菌种名称首字母缩写、菌种编号、传代时间及代数等信息。

4. 菌种的使用

当需要使用工作菌种时，从斜面保存菌种中挑取一支传代，培养后作为工作菌种使用，使用人须核对编号、传代次数、传代日期、所用培养基，应注意观察菌种形态，确定是否污染杂菌、退化、死亡，保证菌种的使用性能。工作菌种使用不能超过五代。

5. 菌种的销毁

当原代菌种、保存菌种、工作菌种打开或使用后，立即对其进行销毁，不作重复保存和使用。检测工作中产生的菌液也应立即进行销毁，不作重复保存和使用。检测人员对废弃菌种、菌液进行销毁，销毁方法为高压蒸汽灭菌（121 ℃，30 min），同时用化学指示胶带对灭菌效果进行验证。

（七）培养基

1. 培养基质量控制

影响培养基质量的因素包括基础成分的质量、制备过程的控制、微生物污染的消除、包装和储存条件等因素。

2. 培养基接收

生产企业应提供以下资料（可提供电子文本）：培养基的各种成分、添加成分名称及产品编号、批号、最终 pH（适用于培养基），储存信息和有效期，标准要求及质控报告，必要的安全和（或）危害数据。试剂管理员对每批产品应记录接收日期，并检查有无产品合格证明、包装的完整性、产品的有效期、生产企业文件的提供等。

3. 培养基保存

一般要求应严格按照供应商提供的贮存条件、有效期和使用方法进行培养基保存和使用。实验室应保存有效的培养基目录清单，清单应包括容器密闭性

检查、记录首次开封日期、内容物的感官检查等。若发现培养基受潮或物理性状发生明显改变则不应再使用。对于商品化即用型培养基和试剂，应严格按照供应商提供的贮存条件、有效期和使用方法进行保存和使用。对于实验室自制的培养基，在保证其成分不会改变的条件下保存，即避光、干燥保存，必要时在 5 ℃±3 ℃冰箱中保存，通常建议平板不超过 2~4 周，瓶装及试管装培养基不超过 3~6 个月，除非某些标准或实验结果表明保质期比上述的更长。建议需在培养基中添加的不稳定的添加剂应即配即用，除非某些标准或实验结果表明保质期更长。含有活性化学物质或不稳定性成分的固体培养基也应即配即用，不可二次融化。

4. 培养基的实验室制备

正确制备培养基是微生物检验的最基础步骤之一，使用脱水培养基和其他成分，尤其是含有有毒物质（如胆盐或其他选择剂）的成分时，应遵守良好实验室规范和生产厂商提供的使用说明。培养基的不正确制备会导致培养基出现质量问题。使用商品化脱水合成培养基制备培养基时，应严格按照厂商提供的使用说明配制。如重量（体积）、pH、制备日期、灭菌条件和操作步骤等。实验室使用各种基础成分制备培养基时，应按照配方准确配制，并记录相关信息，如培养基名称和类型及试剂级别、每个成分物质含量、制造商、批号、pH、培养基体积（分装体积）、无菌措施（包括实施的方式、温度及时间）、配制日期、人员等，以便溯源。实验用水的电导率在 25 ℃时不应超过 25 μS/cm（相当于电阻率≥0.4 MΩ·cm），除非另有规定要求。试验用水的微生物污染不应超过 103 CFU/mL。应按 GB 4789.2《食品安全国家标准　食品微生物学检验　菌落总数测定》，采用平板计数琼脂培养基，在 36 ℃±1 ℃培养 48 h±2 h 进行定期检查微生物污染。

5. 培养基使用注意事项

琼脂培养基融化一般将培养基放到沸水浴中或采用有相同效果的方法（如高压锅中的层流蒸汽）使之融化。经过高压的培养基应尽量减少重新加热时间，融化后避免过度加热。融化后应短暂置于室温中（如 2 min）以避免玻璃瓶破碎。融化后的培养基放入 47~50 ℃的恒温水浴锅中冷却保温（可根据实际培养基凝固温度适当提高水浴锅温度），直至使用，培养基达到 47~50 ℃的时间与培养基的品种、体积、数量有关。融化后的培养基应尽快使用，放置时间一般不应超过 4 h。未用完的培养基不能重新凝固留待下次使用。敏感的培养基尤应注意，融化后保温时间应尽量缩短，如有特定要求可参考指定的标准。倾注到样品中的培养基温度应控制在约 45 ℃左右。必要时，将培养基在使用前放到沸水浴或蒸汽浴中加热 15 min；加热时松开容器的盖子；加热后盖紧，并迅速冷却至使用温度（如 FT 培养基）。对热不稳定的添加成分应在培养基冷却至 47~50 ℃时再加入。无菌的添加成分在加入前应先放置到室温，避免冷的液体造成琼脂凝结或形成片状物。将加入添加成分的培养基缓慢充分混匀，尽快分装到待用的容器中。

（八）转基因检测试剂

转基因样品检测所有实验使用的试剂等级应为不含 DNA 和 DNase 的分析纯或生化试剂。关键试剂如：核酸提取试剂、RNase、蛋白酶 K、*Taq* 酶、各种限制性内切酶、引物、探针等，在使用前要进行质量检测。需冷冻条件贮存的试剂需按实验量进行分装，避免反复冻融。

四、检测过程的质量控制

检测过程需按检测方法和作业指导书操作，当测试过程出现异常现象应详细记录，并及时采取措施处置。需要时，随同样品测试做空白试验，标准物质或控制样品的测试。常规样品的测试应至少做平行试验（双试验），样品的复测应做双试验或多试验。检测人员应在原始记录表上如实记录测试情况及结果，字迹清查，划改规范，保证记录的原始性、真实性、准确性和完整性。原始记录及计算结果应实行三级审核。检测人员对计算公式应正确理解，保证检测数据的计算和转换不出差错，计算结果应进行校核和审核。检测结果的有效位数应与检测方法中的规定相符，计算中间所得数据的有效位数应多保留一位。数值修约应遵循 GB/T 8170《数值修约规则与极限数值的表示和判定》，检测结果应使用法定计量单位。

（一）内部质量控制

进行有效的内部质量控制，有以下几种形式。

1. 空白对照试验

在进行样品测定时，需同时采用操作完全相同的方法而不加入被测定的物质，进行试剂空白对照试验。这样，可校正因试剂中的杂质干扰和溶液受器皿材料的影响等因素所导致的系统误差。目前有些标准的计算公式中没有明确空白消耗体积，但实际应用时一定要扣除空白。

2. 标准样品对照试验

在进行样品测定时，还需要按照与样品完全相同的操作步骤，测定一系列标准溶液配制的对照组（比色分析中称为标准比色系列），最后将检验结果进行比较。这样可以抵消不明因素的影响，在一些稳定性不好的分析方法中，标准品对照尤为重要。

3. 添加回收试验

在待测样品中加入已知量的标准物质，测定其回收率，可检验测定方法的正确性和试样所引起的干扰误差，并可同时求出精确度。因此，回收率试验是化学分析中常用的质量控制方法。如测定蔬菜水果中农药残留时，可通过添加不同浓度的农药标准品进行回收率测定，如果操作正确，回收率应在70%~120%之间。

4. 参照样

所谓参照样是指已经赋值的样品，它可分为两类，一类是自然的样品，其部分参数含量比较稳定；另一类是通过人为添加某种样品中本身不含有的物质成分，制备成阳性样品。参照样品可以从标准物质供应部门购买，也可以自行制备。如采集一定数量土壤样品，粉碎混匀后，分装，密封，避光保存，并分别送3家权威的检测机构进行相关元素、重金属参数检测，然后根据检测结果进行赋值，在日常分析过程中，可以作为参照样，以检验检测过程是否出现偏离。参照样品的使用在检验日常质量控制中发挥很大的作用。

5. 绘制质量控制图

质量控制图的绘制按照GB/T 27407《实验室质量控制　利用统计质量保证和控制图技术评价分析测量系统的性能》，观察结果稳定性、系统偏差及其趋势，及时发现异常现象。

通常内部控制可以使用质量控制样品进行内部质量控制，质量控制样品包括空白试验、留样、有证标准物质，有证标准物质无法获得时，可以采用添加标准溶液，添加的分析物含量可以等于或略大于分析方法的定量限。每一次检测都应同时检测质量控制样品，包括空白试验、留样、有证标准物质或添加样品。当情况不允许时，至少要进行空白试验、留样或一个水平的添加样品的检测。

随样品检测同时进行的空白试验：（1）若空白值在控制限范围内可忽略不计；（2）若空白值比较稳定，可进行 n 次（n 大于或等于10）重复测定空白值，计算出空白值的平均值，在样品测定值中扣除；（3）若空白试验显示超过正常值，则表明测试过程有严重污染，样品测定结果不可靠。

随样品检测同时进行的控制样品测试：（1）选择与被测样品基质相同或者相近的实物标样作为控制样品，或者采用添加样品作为控制样品；（2）控制样品中分析物的含量应与被测样品相近，若被测样品为未检出，测控制样品中分析物含量应在方法检出限（或定量限）附近；（3）控制样品测定结果的回收率应符合要求。

实验室应根据实际工作的需要制定内部质量控制计划，计划应覆盖所有检测项目和全体检测人员。质控试验的具体方式可以是：（1）使用标准物质或实物标样比对；（2）保留样品的重复试验；（3）不同人员用相同方法对同一样品的测试；（4）不同方法对同一样品的测试；（5）某样品不同特性结果的相关性分析。

应对质控试验的结果进行汇总、分析和评价，判断是否满足对检测有效性和结果准确性的质量控制要求，采取相应的改进措施。

（二）外部质量控制

实验室可参加国内外实验室认可机构组织的能力验证活动和实验室主管机构组织的比对活动，参加国际间、国内同行间的实验室比对试验。外部质量控制活动一般包括：（1）中国合格评定国家认可中心（CNAS）、亚太地区实验室认可协会（APLAC）等实验室认可机构组织的能力验证；（2）国际专业技术协会组织的协同试验；（3）国内行业主管部门组织的能力验证；（4）能力验证提供者组织的能力验证试验；（5）与其他同行实验室进行分割样品的比对试验；（6）与其他同行实验室进行标准溶液的比较试验。

实验室完成试验，及时递交试验结果和相关记录。应根据外部评审、能力验证、考核、比对等结果来评估本实验室的工作质量并采取相应的改进措施。

五、检测环境的质量控制

设施和环境条件是直接影响报告质量的要素，属于资源配置的过程，实验室的设施和环境条件应该与所进行的工作类型相适应，实验室还应具备对环境条件进行有效监测和控制的手段，这些设施和环境条件以及监控手段是保证检测工作正常开展的先决条件。实验室的设施条件包括场地、能源、照明、采暖、通风等，环境条件包括内部环境条件和外部环境条件。实验室的设施和环境条

件应满足相关法律法规、技术规范或标准的要求。

实验室应建立并保持安全作业管理程序，确保化学危险品、毒品、有害生物、电离辐射、高温、高电压、撞击以及水、气、火、电等危及安全的因素和环境得以有效控制并有相应的应急处理措施。同时建立并保持环境保护程序，具备相应的设施设备，确保检测和校准产生的废气、废液、粉尘、噪声、固废物等处理符合环境和健康的要求，并有相应的应急处理措施。区域间的工作相互之间有不利影响时，应采取有效的隔离措施。对影响工作质量和涉及安全的区域和设施应有效控制并正确标示。

转基因成分检测实验室，一般分为试剂贮存和准备区、样品制备区、PCR区、生物灭活区 4 个实验区。其中，试剂贮存和准备区应保持清洁干净，而且没有来自分子克隆和样品准备的污染源；样品制备区分为样品前处理、核酸蛋白提取纯化 2 个功能区；PCR 区可分为体系配置、PCR 反应、电泳分析 3 个功能区；生物灭活区用于对具有生物活性的材料进行灭活处理，防止转基因生物非法扩散。各区的工作服、实验用具和实验记录本等应区分标记，不能混用。各功能区可依据条件设置缓冲间，易污染关键点可放置通风橱或生物安全柜等，用于设置局部负压，防止造成环境污染。

第二节　采样、运输、保存过程质量控制技术要求

一、粮油产品

（一）样品采样过程质量控制

1. 采样原则

代表性：在田间按照一定路线多点采取组成混合样品。避免有边际效应或其他原因的特殊个体作为样品，特大特小、奇异及受病虫害或机械损伤等的个体不能作为样品采集。

典型性：针对所要达到的目的，采集能充分反映这一目的的典型样品。

适时性：针对不同的采样目的和测试项目，必须做到适时采样。

田间样品的采样方法：根据不同情况分别按梅花点法、棋盘式法、蛇形法等进行多点取样，然后等量混匀组成一个混合样品。

梅花点法：适用于面积较小、地势平坦、均匀的地块，设分点 5 个左右；

棋盘式法：适用于中等面积、地势平坦、不够均匀的地块，设分点 10 个左右；蛇形法：适用于面积较大，且地势平坦、均匀的地块，设分点 15 个左右，地势不平坦的、不均匀的地块，设分点 20 个左右。

2. 田间粮油样品采样工具

工具类：不锈钢剪刀、不锈钢切刀、冰壶以及适合特殊采样要求的工具。

器材类：GPS、照相机、卷尺、样品箱塑料袋、布袋或透气网袋等。

文具类：样品标签、采样记录表、现场调查表、铅笔、资料夹等。

3. 田间样品采样的质量控制

首先应视采样地块大小及生长均匀程度设置 5~20 个采样点，采样点可按梅花点法、棋盘式法或蛇形法设置，然后每采样点沿接近植株基部采集 1~5 株（条播小麦也可取统一长度内的样株）。样株数目应视作物种类、株间变异程度、种植密度、株型大小以及所要求的准确度而定，一般为 5~50 株。主要大田粮油作物的采样时间、部位、样本数量等见表 2－2。

表 2－2 主要粮油作物的田间采样时间、采样部位和采样株数

作物种类	采样时间	采样部位		采样株数	备注
		茎叶及有关部位	果实		
水 稻	完熟期	茎叶	带壳籽粒	20 株以上	风干后样品量不得少于 500 g
玉米	完熟期	茎叶和玉米轴、玉米须、玉米苞叶	玉米粒	5 株	
小麦	完熟期	茎叶和脱粒后的颖壳	麦粒	20 株以上	
油菜	角果黄熟期	茎叶和脱粒后的角果荚	油菜籽	10 株以上	

将采集的样株仔细包好，立即放入透气网袋内。填好采样记录表和标签，标签一式两份，一份装入样品包装内，一份挂在样品包装外。

采样记录表包括的信息如下：样品编号；采样地点（包括市、县、乡、村及地物特征等）；采样地基本情况（利用情况、地形、坡度等）；采样时间；采样方法（包括样点配置方法、样点距离、采样点数等）；其他内容（采样人员、GPS 定位坐标、照片等相关内容）。采样标签包括信息如下：样品编号；采样时间；采样人。

4. 仓储样品的采样方法

（1）仓储粮油样品的扦样工具

仓储粮油样品的扦样工具主要有：扦样器、取样铲和容器。其中，取样铲主要用于流动粮食、油料的取样或倒包取样；还有就是用于盛放样品的容器，

其特点是密闭性能良好，清洁无虫，不漏，不污染。常用的容器有样品筒、样品袋、样品瓶（磨口的广口瓶）等。下面具体介绍扦样器，扦样器又称粮探子，分包装扦样器和散装扦样器两种。

包装扦样器，分三种：1）大粒粮扦样器：全长 75 cm，探口长 55 cm，口宽 1.5~1.8 cm，头分尖形或鸭嘴形，最大外径 1.7~2.2 cm；2）中小粒粮扦样器：全长 70 cm，探口长 45 cm，口宽约 1 cm，头尖形，最大外径约 1.5 cm；3）粉状粮扦样器：全长约 55 cm，探口长约 35 cm，口宽 0.6~0.7 cm，头尖形，最大外径约 1 cm。

散装扦样器，分三种：1）细套管扦样器：全长分 1 m、2 m 两种，三个孔，每孔口长约 15 cm，口宽约 1.5 cm，头长约 7 cm，外径约 2.2 cm；2）粗套管扦样器：全长分 1 m、2 m 两种，三个孔，每孔口长约 15 cm，口宽约 1.8 cm，头长约 7 cm，外径约 2.8 cm；3）电动吸式扦样器（不适于杂质检验）。

（2）扦样方法

单位代表数量。扦样时以同种类、同批次、同等级、同货位、同车船（舱）为一个检验单位。一个检验单位的代表数量：中、小粒粮食和油料一般不超过 200 t，特大粒粮食和油料一般不超过 50 t。

（3）散装扦样法

仓房扦样：散装的粮食、油料，根据堆形和面积大小分区设点，按粮堆高度分层扦样。步骤及方法如下：

分区设点：每区面积不超过 50 m^2。各区设中心、四角 5 个点。区数在两个和两个以上的，两区界线上的两个点为共有点（两个区共 8 个点，三个区共 11 个点，依此类推）。粮堆边缘的点设在距边缘约 50 cm 处。

分层：堆高在 2 m 以下的，分上、下两层；堆高在 2~3 m 的，分上、中、下三层，上层在粮面下 10~20 cm 处，中层在粮堆中间，下层在距底部 20 cm 处，如遇堆高在 3~5 m 时，应分四层；堆高在 5 m 以上的酌情增加层数。

扦样：按区按点，先上后下逐层扦样。各点扦样数量一致。

散装的特大粒粮食和油料（花生果、大蚕豆、甘薯片等），采取扒堆的方法，参照“分区设点”的原则，在若干个点的粮面下 10~20 cm 处，不加挑选地用取样铲取出具有代表性的样品。

圆仓（囤）扦样：按圆仓的高度分层，每层按圆仓直径分内（中心）、中（半径的一半处）、外（距仓边 30 cm 左右）三圈，圆仓直径在 8 m 以下的，每层按内、中、外分别设 1、2、4 个点共 7 个点；直径在 8 m 以上的，每层按内、中、外分别设 1、4、8 个点共 13 个点，按层按点扦样。

（4）包装扦样法

中、小粒粮和油料扦样包数不少于总包数的 5%，小麦粉扦样包数不少于总包数的 3%。扦样的包点要分布均匀。

扦样时，用包装扦样器槽口向下，从包的一端斜对角插入包的另一端，然后槽口向上取出。每包扦样次数一致。

特大粒粮和油料（如花生仁、葵花籽、蓖麻籽、大蚕豆、甘薯片等）取样包数：200 包以下的取样不少于 10 包，200 包以上的每增加 100 包增取 1 包。

取样时，采取倒包和拆包相结合的方法。取样比例：倒包按规定取样包数的 20%；拆包按规定取样包数的 80%。

倒包：先将取样包放在洁净的塑料布或地面上，拆去包口缝线，缓慢地放倒，双手紧握袋底两角，提起约 50 cm 高，拖倒约 1.5 m 全部倒出后，从相当于袋的中部和底部用取样铲取出样品。每包、每点取样数量一致。

拆包：将袋口缝线拆开 3~5 针，用取样铲从上部取出所需样品，每包取样数量一致。

（5）流动粮食扦样法

机械输送粮食、油料的取样，先按受检粮食、油料数量和传送时间，定出取样次数和每次应取的数量，然后定时从粮流的终点横断接取样品。

（6）零星收付粮食、油料取样法

零星收付（包括征购）粮食、油料的扦样，可参照以上方法，结合具体情况，灵活掌握，务使扦取的样品具有代表性。

（7）特殊目的取样

如粮情检查、害虫调查、加工机械效能的测定和出品率试验等，可根据需要取样。

5. 油脂样品的采样方法

（1）油脂样品的扦样工具

1）扦样器有多种类型和型号，常见的油脂样品扦样工具有：简易配重扦样罐、盛放扦样瓶的配重笼、带底阀的扦样筒、底部扦样器、扦样管、扦样铲。

2）样品容器：样品容器应简单、坚固、易于清理，应选用对被扦油脂样品具有化学惰性的材料，并且应不催化油脂化学反应。通常来说，最合适的材料是不锈钢，不应采用铜和铜合金及任何有毒材料。

（2）扦样方法

1）立式筒形陆地油罐的扦样

每罐扦样。扦样前，应保证整个样品是均相的，且尽可能为液相。如果各层的相态组成有差异，在通常情况下通过加热将油脂均质。如果油脂的性质不允许加热，或没必要加热，或因其他原因而不能加热，则可以向油脂中吹入氮气使其均质。

（a）非均相油脂扦样

从罐顶到罐底，每隔 300 mm 的深度扦取样品。混合均匀，并根据清油样品和分层样品各自的代表量按比例混合来制备原始样品，每罐至少制备 1 个原始样品。小于 500 t 储量的油罐抽取 1 个原始样品；500～1000 t 储量的油罐抽取 2 个原始样品；超过 1000 t 储量的油罐，按每 500 t 储量抽取 1 个原始样品。

（b）均相油脂扦样

均相油脂采样须在顶部、中部、底部采集样品。其中，顶部为总深度的 1/10处采集，中部为总深度 1/2 处采集，底部为总深度 9/10 处采集。各从顶部、底部采集 1 份样品，另外在中部采集 3 份样品，混合起来制备成原始样品。

2）从油船上扦样

由于油船的形状和布置不规则，油船上扦样较从立式筒形陆地油罐中扦样更为困难。油船扦样要求每罐分别扦样，考虑油船的形状，将样品尽可能按相应的比例来混合。抽取原始样品的数目同立式筒形陆地油罐一样。

3）从油罐货车、汽车以及包括储油槽的卧式储油槽中扦样

使用带底阀的扦样筒从油罐车中每隔 300 mm 深度扦样。每 300 mm 深度平面上的样品混合在一起，形成原始样品。

4）从计量罐中扦样

计量罐注满后，应尽快扦样。也就是说，在油开始沉淀并可能引起分级或分层之前扦样。将扦样装置沉入油罐中部并灌满扦取样品，如果不能及时采样，则扦样前要搅动罐中的油脂，也可以每隔 300 mm 深处扦样，混合在一起，形成原始样品。

5）输送过程中从管道扦样

从数量很大的散装油脂中扦样，可以采用输送时按固定的时间间隔从管道中截取样品的方式。对于高黏度和高熔点的油脂，应该采用加热和保温装置。

调整主管线中油脂的流速以确保管道中的油脂充分湍动而完全混合。尽可能保持该流速恒定。扦样完成后，立即小心地混合所有采集的样品，形成原始

样品。从管道中扦样时，油罐储量小于 20 t 时，扦取 1 L 原始样品；油罐储量在 20~50 t 时，扦取 5 L 原始样品；油罐储量在 50~500 t 时，扦取 10 L 原始样品。

（二）样品运输和保存质量控制

样品采集后，应及时运回实验室进行分析，在运输过程中，必须保证样品的完整和清洁。

样品装运前，必须逐件与样品登记表、样品标签和采样记录进行核对，核对无误后分类装箱。对于需要测定水分含量的样品，需放置在可以密封的容器内，要拧紧内外盖，贴好密封带。

需要冷藏的样品，应配备专用隔热容器，放入制冷剂，将样品置于其中保存。样品运输时应有专人押运，样品交实验室时，送样人和收样人都必须在样品登记表上签名，以示负责，送样单和采样记录应由双方各保存一份。

（三）粮油实验室样品分取和制备质量控制

1. 基本原则

（1）样品制备时应依据制品的特性、原始记录的情况，确定制备的方法。

（2）样品制备时应使原始样品的各部分都有相同的概率进入试样。

（3）在样品制备过程中，制备方法和制备工具、设备等都不能破坏样品的代表性，不能改变样品的组成，不能使样品受到污染。

（4）样品制备数量：制备的实验室样品量和试样量必须满足检测项目的规定。

2. 分样方法

将原始样品充分混匀，进而分取平均样品或试样的过程，称为分样。对于稻米、大豆、花生、小麦、玉米等颗粒状样品，应采用四分法或分样器法分样。

四分法：将样品倒在光滑平坦的桌面上或玻璃板上，用两块分样板将样品摊成正方形，然后从样品左右两边铲起样品约 10 cm 高，对准中心同时倒落，再换一个方向同样操作（中心点不动）。如此反复混合四到五次，将样品摊成等厚的正方形。用分样板在样品上划两条对角线，分成四个三角形，取出其中两个对顶三角形的样品，剩下的样品再按上述方法反复分取，直至最后剩下的两个对顶三角形的样品接近所需试样重量为止。

分样器法：分样器适用于中、小粒原粮和油料分样。分样器由漏斗、分样格和接样斗等部件组成，样品通过分样格被分成两部分。分样时，将清洁的分

样器放稳，关闭漏斗开关，放好接样斗，将样品从高于漏斗口约 5 cm 处倒入漏斗内，刮平样品，打开漏斗开关，待样品流尽后，轻拍分样器外壳，关闭漏斗开关，再将两个接样斗内的样品同时倒入漏斗内，重复混合两次。以后每次用一个接样斗内的样品按上述方法继续分样，直至一个接样斗内的样品接近需要试样重量为止。

3. 样品制备

粮食、豆类样品，根据需要去除杂质、去壳后；粉碎，并全部过筛，样品颗粒度按检验参数和方法的要求。储于洁净的塑料瓶中，并标明标记，于室温下保存备用。

二、蔬果产品

（一）样品采集（抽样）过程质量控制

1. 采样原则

采集的样品应具有代表性；样本采集过程中应防止待测定组分发生化学变化、损失，避免污染。采样过程中应及时、准确记录相关信息。

（1）随机性：抽出的用以评定整批产品的样品，应是不加任何选择的，按随机原则抽取。

（2）代表性：抽取的样品应具有足够的代表性，应是以整批产品中所取出的全部个别样品（份样）集成大样来代表整批产品，不应以个别样品（份样）或单株或单个果实来代表整批。生产环节抽样时，应避开病虫害等非正常植株。

（3）可行性：抽样的方法、使用的工具及样品数量应是合理可行、切合实际的，符合样品检验的要求，应在确保随机性、代表性的基础上做到快速、经济和可操作性。

（4）公正性：抽样工作应在承担任务的机构主持下完成，抽样人员应亲自到现场抽样。受检单位人员可陪同抽样，但不应干扰已定抽样方案的实施。

2. 抽样前准备

（1）文件类：抽检任务相关文件、抽样单、记录本、工作证等。

（2）工具类：抽样袋、保鲜袋、纸箱或冷藏箱、标签、封条等，异地抽样还要准备样品缩分用无色聚乙烯砧板或木砧板、不锈钢食品加工机或聚乙烯塑料食品加工机、高速组织分散机、不锈钢刀、不锈钢剪、旋盖聚乙烯塑料瓶、具塞玻璃瓶等。保证用具洁净、干燥、无异味，不会对样品造成污染。

（3）人员：抽样人员需经过专门的培训，抽样人员应不少于2人。抽样人员应提前熟悉抽样方案，明晰抽样目的、要求和注意事项。

3. 抽样注意事项

（1）抽样人员要与受检单位人员共同确认样品的真实性和代表性，在现场认真填写抽样工作单，准确记录抽样的相关信息。抽样工作填写的信息要齐全、准确，字迹清晰、工整。

（2）随机抽取无明显淤伤、腐烂、长菌或其他表面损伤的蔬菜样品，抽样时应选择成熟度相同的样品。生产地不宜抽取完全成熟的样品。

（3）抽取不同样品时推荐使用一次性手套，每抽一个样品时更换一次。抽样全过程所有用具都要保证不会对样品造成二次污染。

（4）抽取的样品放入聚乙烯塑料袋中，装入样品后的塑料袋要密封，对于执法抽检的样品，样品袋一旦打开后不能回复原状，允许在塑料袋上打几个小孔通风。封条上要表明封样时间，并由双方代表共同签字。

（5）样品袋要加贴样品的标识。标识的内容包括样品名称、样品编号和抽样时间。

（6）抽样人员应注意防止样品腐烂变质，尽快带回实验室处理。

4. 抽样数量

实验室样品的最低取样量参见表2-3。

表2-3　实验室样品取样量

产品名称	取样量
小型水果、核桃、榛子、扁桃、板栗、毛豆、豌豆以及以下各项未列蔬菜	1 kg
樱桃、黑樱桃、李子	2 kg
杏、香蕉、木瓜、柑橘类水果、桃、苹果、梨、葡萄、鳄梨、大蒜、茄子、甜菜、黄瓜、结球甘蓝、卷心菜、块根类蔬菜、洋葱、甜椒、萝卜、番茄	3 kg
南瓜、西瓜、甜瓜、菠萝	5个个体
大白菜、花椰菜、莴苣、红甘蓝	10个个体
甜玉米	10个个体
捆装蔬菜	10捆

5. 抽样要求

（1）基地样品抽取

1）抽样时间

根据蔬菜品种在其种植区域的成熟期来确定，抽样应安排在蔬菜成熟期或蔬菜即将上市前进行。在喷施农药安全间隔期内的样品不要抽取。抽样时间应选在9时~11时或者15时~17时。下雨天不宜抽样，设施栽培的蔬菜可酌情处理。

2）抽样单元

当生产基地蔬菜种植面积小于10 hm^2时，每1~3 hm^2设为一个抽样批次；当蔬菜种植面积大于10 hm^2，每3~5 hm^2设为一个抽样批次。在蔬菜大棚中抽样，每个大棚为一个抽样批次。每个抽样批次内根据实际情况按对角线法、梅花点法、棋盘式法、蛇形法等方法采取样品，每个抽样批次内抽样点不应少于5点。个体较大的样品（如大白菜、结球甘蓝），每点采样量不应超过2个个体；个体较小的样品（如樱桃、番茄），每点采样量0.5~0.7 kg。若采样总量达不到规定的要求，可适当增加采样点。每个抽样点面积为1 m^2左右，随机抽取该范围内统一生产方式、同一成熟度（根据不同蔬菜品种在其种植区域的成熟期来确定）的蔬菜作为检测用样品。

（2）样品库样品抽取

库房中有产品时，抽样不受时间限制。从样品库中随机抽取同一生产（收获）日期的样品为一个抽样批次。

（3）批发市场

1）抽样时间

宜在批发货交易高峰时期抽样。

2）抽样单元

（a）散装样品：视情况分层分方向结合或只分层或只分方向抽取样品为一个抽样批次。

对于散装产品：与货物的总量相适应，每批货物至少取5个抽检货物。散装产品抽检货物总量或货物包装的总数量按表2-4抽取。在蔬菜或水果个体较大的情况下（大于2kg/个），抽检样品至少由5个个体组成。

表2-4　抽检产品的取样量

批量产品的总量（kg）或总件数	抽检样品总量（kg）或总件数
≤200	10
201~500	20
501~1000	30
1001~5000	60
≥5000	100（最低限度）

（b）包装样品：堆垛取样时，在堆垛两侧的不同部位上、中、下过四角抽取相应数量的样品为一个抽样批次。对于有包装的产品（木箱、纸箱、袋装等），按照表 2－5 进行随机取样。

表 2－5　抽检产品的取样件数

批量产品中同类包装货物件数	抽检样品取样件数
≤100	5
101～300	7
301～500	9
501～1000	10
≥1000	15（最低限度）

（4）农贸市场和超市

同一个摊位抽取的同一产地、同一种类蔬菜样品为一个批次。为避免二次污染，应尽可能从原包装中取样。如果有要求同时在当地批发市场抽样时，宜在抽取批发市场样品之前进行抽取农贸市场或者超市的样品。

（二）试样制备、保存及运输质量控制

1. 试样制备

（1）用于农药残留检测样品分类及取样部位

蔬菜和水果的取样部位按照 GB 2763《食品安全国家标准　食品中农药最大残留限量》附录 A 的规定执行。具体可见表 2－6。

表 2－6　蔬菜水果中农药残留分析用样品的分类及取样部位

<table>
<tr><th colspan="2">产品分类</th><th>测定部位预处理方法</th><th>类别说明</th><th>分析取样的产品部位法</th></tr>
<tr><td rowspan="3">蔬菜（鳞茎类）</td><td rowspan="3">源于新鲜鳞片或者百合科葱属植株的肉质鳞茎或生长的芽，具有浓辛辣味道的食物。去表皮后的整个鳞茎均可供食用</td><td rowspan="3">清除粘附的泥土（如通过用干的软毛刷刷洗）</td><td>鳞茎葱类：大葱、洋葱、薤等</td><td>移去根和容易剥去表皮后的整个产品</td></tr>
<tr><td>绿叶葱类：韭菜、葱、青蒜、蒜薹、韭葱等</td><td>去除根部和泥土的整个蔬菜</td></tr>
<tr><td>百合</td><td>鳞茎头</td></tr>
<tr><td>蔬菜（芸薹属类）</td><td>源于植物的叶、茎和未开花的植物的食品，植物学分类属于芸薹类（也称为油菜类蔬菜）</td><td>去除已明显分解或枯萎的叶子的整个产品</td><td>结球芸薹属：结球甘蓝、球茎甘蓝、抱子甘蓝、赤球甘蓝、羽衣甘蓝、芽甘蓝等</td><td>整棵。对于芽甘蓝仅仅分析“芽”</td></tr>
</table>

续表 2－6

产品分类		测定部位预处理方法	类别说明	分析取样的产品部位法
蔬菜（芸薹属类）	源于植物的叶、茎和未开花的植物的食品，植物学分类属于芸薹类（也称为油菜类蔬菜）	去除已明显分解或枯萎的叶子的整个产品	头状花序芸薹属：花椰菜、青花菜等	整棵，去除叶。对于花椰菜和椰菜分析花头和弃去叶子的茎
			茎类芸薹属：芥蓝、菜薹、茎芥菜等	整棵，去除根
蔬菜（叶菜类）	源于多种可食用植物叶片的食品，整个叶子可供食用。包括块根块茎类蔬菜中的叶子部分。不含芸薹属类蔬菜	移去明显的已分解或枯萎的叶子的整个产品	绿叶类：菠菜、普通白菜（小白菜、青菜、小油菜）、苋菜、蕹菜、茼蒿、大叶茼蒿、叶用莴苣、结球莴苣、莴笋、苦苣、野苣、落葵、油麦菜、叶芥菜、萝卜叶、芜青叶、菊苣等	整棵，去除根
			叶柄类：芹菜、小茴香、球茎茴香等	整棵，去除根
			大白菜	整棵，去除根
蔬菜（茄果类）	源于多种蔓生或灌木植物的成熟或未成熟的果实组成。整个果实可食用	移去果柄后的整个果实	番茄类：番茄、樱桃番茄等	全果（去柄）
			其他茄果类：茄子、辣椒、甜椒、黄秋葵、酸浆等	全果（去柄）
蔬菜（瓜类）	源于多种蔓生或灌木植物的成熟或未成熟的果实	移去果柄后的整个果实	黄瓜、腌制用小黄瓜	全瓜（去柄）
			小型瓜类：西葫芦、节瓜、苦瓜、丝瓜、线瓜、瓠瓜等	全瓜（去柄）
			大型瓜类：冬瓜、南瓜、笋瓜等	全瓜（去柄）
蔬菜（豆类）	豆科植物干的或嫩的种子和未成熟的豆荚。嫩的可以完全供食用或脱壳后供食用	整个产品或去除不能食用的豆荚（或壳）后的整个产品	荚可食类：豇豆、菜豆、食荚豌豆、四棱豆、扁豆、刀豆、利马豆等	全荚

续表 2－6

产品分类		测定部位预处理方法	类别说明	分析取样的产品部位法
蔬菜（豆类）	豆科植物干的或嫩的种子和未成熟的豆荚。嫩的可以完全供食用或脱壳后供食用	整个产品或去除不能食用的豆荚（或壳）后的整个产品	荚不可食类：菜用大豆、蚕豆、豌豆、菜豆等	全豆（去荚）
蔬菜（茎类）	源于多种植物的可食性茎或芽的食品	移除明显分解或枯萎的叶子的整个产品	芦笋、朝鲜蓟、大黄等	整棵
蔬菜（根茎类和薯芋类）	富含淀粉的肥大的根、茎、球茎或根茎的植物。大多数是地下的。整个蔬菜可供食用	去顶的整个产品。用软刷轻轻刷去泥土和小碎屑，用软纸轻轻擦干（如果必要）	根茎类：萝卜、胡萝卜、根甜菜、根芹菜、根芥菜、姜、辣根、芜菁、桔梗等	整棵，去除顶部叶及叶柄。对于胡萝卜，在用软纸擦干后（如果必要），用刀小心切下顶端，切口应在附有小叶柄的茎基最细处。如果根组织环面从根茎部分切下，则这个材料应该与根部能吻合
			马铃薯	全薯
			其他薯芋类	全薯
蔬菜（水生类）	生长在水里可供食用的一类蔬菜。分为深水和浅水两大类	用软刷轻轻刷去泥土和小碎屑，用软纸轻轻擦干（如果必要）	茎叶类：水芹、豆瓣菜、茭白、蒲菜、西洋菜等	整棵，茭白去除外皮
			果实类：菱角、芡实	整棵
			根类：莲藕、荸荠、慈姑等	去掉外壳，取全果
蔬菜（芽菜类）	豆类发芽长成的蔬菜	—	绿豆芽、黄豆芽、萝卜芽、苜蓿芽、花椒芽、香椿等	整个豆芽
蔬菜（其他类）	—	—	黄花菜、竹笋、仙人掌、玉米笋等	全部

续表 2－6

产品分类		测定部位预处理方法	类别说明	分析取样的产品部位法
水果（柑橘类）	芸香科的各种柑橘类水果。一般具有富含香精油的果皮，内部由多汁的果瓣组成。果肉可直接食用或制饮料	—	橙、橘、柠檬、柚、柑、佛手柑、金橘等	全果
水果（仁果类）	蔷薇科梨属树木，有包含种子的果核，多果肉组织。除了果核外的整个果实多汁可供食用	去除柄的整个产品	苹果、梨、山楂、枇杷、榅桲等	全果（去柄），枇杷参照核果
水果（核果类）	蔷薇科梨属树木，硬壳种子外包被果肉组织。除了种子外的整个果实多汁可供食用，也可经加工后供食用	去除柄和核的整个产品，但残留量的计算和表达以无柄的整个产品为基数	桃、油桃、杏、枣、李子、樱桃等	全果（去柄和果核），残留量计算应计入果核的重量
水果（浆果和其他小型水果）	源于多种具有较大表面积-质量比果实的植物。包括种子的整个果实均可供食用，也可经加工后食用	去除柄和顶的整个产品	藤蔓和灌木类：枸杞、黑莓、蓝莓、覆盆子、越橘、加仑子、悬钩子、醋栗、桑葚、康棣、露莓等	全果（去柄）
			小型攀缘类：皮可食：葡萄、树番茄、五味子等；皮不可食：猕猴桃、西番莲等	全果
			草莓	全果（去柄）
水果（热带和亚热带水果）	不同种热带业热带木本、灌木植物的成熟或未成熟果实。一般整个果实可鲜食	—	皮可食：柿子、杨梅、橄榄、无花果、杨桃、莲雾等	全果（去柄），杨梅、橄榄检测果肉部分，残留量计算应计入果核的重量。无花果：整个果实
			皮不可食小型果：荔枝、龙眼、红毛丹等	果肉，残留量计算应计入果核的重量

续表 2-6

产品分类		测定部位预处理方法	类别说明	分析取样的产品部位法
水果（热带和亚热带水果）	不同种热带亚热带木本、灌木植物的成熟或未成熟果实。一般整个果实可鲜食	—	皮不可食中型果：芒果、石榴、鳄梨、番荔枝、番石榴、西榴莲、黄皮、山竹等	全果，鳄梨和芒果去除核，山竹测定果肉，残留量计算应计入果核的重量
			皮不可食大型果：香蕉、木瓜、椰子等	香蕉测定全蕉；木瓜测定去除果核的所有部分，残留量计算应计入果核的重量；椰子测定椰汁和椰肉
			皮不可食带刺果：菠萝、菠萝蜜、榴莲、火龙果等	菠萝、火龙果去除叶冠部分；菠萝蜜、榴莲测定果肉，残留量计算应计入果核的重量
水果（瓜果类）	多种蔓生或灌木植物的成熟果实组成	除去果梗后的整个果实	西瓜	全瓜
			甜瓜类：薄皮甜瓜、网纹甜瓜、哈密瓜、白兰瓜、香瓜等	全瓜

注：1. 本表中“类别说明”一栏中未列出的蔬菜名称可参考 NY/T 1741—2009《蔬菜名称及计算机编码》和 GB 8854—1988《蔬菜名称（一）》（参考件）进行分类。
2. 本表中“类别说明”一栏中未列出的水果名称可参考 SB/T 11024—2013《新鲜水果分类与代码》进行分类。
3. 各类蔬菜水果制样时取样量：参考 NY/T 789—2004《农药残留分析样本的采样方法》的规定执行。

（2）用于农药残留检测试样的制备

1）清理

在符合检测要求的制样场所，将封存的样品取出，抽取一定数量的个体（用干净纱布轻轻擦去样品表面的附着物。如果样品粘附有太多泥土，可用滤纸或纱布擦净样品）。

2）制备

对于个体较小的样品，取样后全部处理；对于个体较大的基本均匀样品，可在对称轴或对称面上分割或切成小块后处理；对于细长、扁平或组分含量在

各部分有差异的样品，可在不同部位切取小片或截成小段或处理。取后的样品将其切碎，充分混匀，用四分法取样或直接放入组织捣碎机中捣碎成匀浆。

3）分装

制备后的匀浆放入聚乙烯容器中，可根据检测需要留存若干份（建议不少于5份），每份100 g左右，贴上标签，备用。

4）保存

试样应保存在-16～-20 ℃条件下。

（3）用于元素检测试样的制备

1）清理

样品应先用自来水冲洗，再用试验用二级水冲洗三遍，用滤纸或纱布将其表面的水分吸干、擦净样品。

2）取样部位

取可食部位。

3）制备

同农药残留样品的制备。

4）分装

取已缩分至所需重量的样品，混匀后，可采用两种方式进行分装。根据检测性质，将样品均匀的分为若干份（正样、副样和备份样），每份各200 g左右，放入聚乙烯瓶中冷冻保存。或放入鼓风干燥箱中，在105 ℃加热15 min以杀酶，再放入烘箱中65 ℃烘干24～48 h。同时测定样品水分（游离水含量）。干燥后的样品，用不锈钢磨、旋风磨或玛瑙研钵进行加工，使全部样品通过250～425 μm的尼龙筛，将其均匀地分为若干份（正样、副样和备份样等），每份各100 g左右，放入聚乙烯瓶或密闭的玻璃瓶中，标明标识，备用。

（4）用于感官检验样品的制备

1）样品保持新鲜。

2）实验室要求：应在专门的实验室进行，且实验室无异味、整洁，并保持一定的温度和湿度，限制音响，控件大小适宜，控制光的强度和色调，限制闲杂人员出入和走动，检验工作在基本不受外界干扰的情况下进行。

3）评价员的要求；评价员身体健康，感觉器官无缺陷，对色、香、味、形有较强的分辨力和较高的敏感度；对感觉的内容有准确的表达能力；对所检测的样品较熟悉，能够较快、准确地表达出所检样品的特征，有一定的工作经验更佳。

2. 样品的保存和处置

（1）样品保存的环境要求

样品需要在规定（或特殊的）环境条件下存放时，应配备必要的环境条件和设施，如低温冷冻、恒温恒湿、防光照等，并进行维护、监控和记录，保证样品在贮存期间不发生非正常的损坏和变质。

（2）样品保存时间及处置

1）接收的新鲜样品：如果样品不能立即分析，但能在较短时间内进行分析，一般情况下：绿叶蔬菜、白菜类和甘蓝类蔬菜在 0 ℃左右保存；根菜类和茎菜类蔬菜在 0~5 ℃左右保存；姜在 13~15 ℃左右保存；茄果类蔬菜在 9~15 ℃左右保存；速冻蔬菜和冷冻蔬菜在-15 ℃左右保存，并在 2~3 d 内完成分析。

2）接收的冷冻样品分析前应放置在低于或等于零下 16 ℃条件下保存，冷冻样本需放在一个密闭的容器里解冻，解冻后应立即检测，检测时要将样品搅匀后再称样，如果样品分离严重应重新匀浆。

3）一般样品在检验结束后应保留一个月，以备需要时复查，保留期限从检验报告单签发日起计算。

4）不保存的样品：易腐败变质样品、挥发性样品、易氧化还原分解的样品等无法进行重现性实验的样品均不入库保存，如：新鲜蔬菜样品处理后不保留原始样品。

3. 样品的运输

样本应在 24h 内运送到实验室，否则应将样本（蔬菜）冷冻后运输。原则上不准邮寄和托运，应由抽样人员随身携带。在运输过程中应避免样本变质、受损或遭受污染。

4. 试样制备、保存及运输过程中的注意事项

（1）试样制备过程中的注意事项

1）实验室试样制备前，必须在样品状态未发生任何可见变化下进行。罐装样品、干品及类似样品应在保质期内完成分析。

2）试样制备必须与其商品的定义及其被分析的部分相一致。

3）制备过程中，要注意避免工具的交叉污染。

4）农药残留冷冻样品只能化冻一次，化冻后不能再进行冷冻用于检测。

5）元素分析类样品制备，所用设备如电磨、匀浆器、打碎机等必须是不锈钢制品。所用容器必须使用玻璃或聚乙烯制品。

6）元素分析类样品，鲜湿样（如蔬菜），用自来水冲洗干净后，再用实验室二级水冲洗。干粉类试样取样后立即装容器密封保存，防止空气中的灰尘和水分污染。

（2）样品保存和处置过程中的注意事项

1）当样品需要长时间贮存（如副样等）时，贮存温度应在-20 ℃左右保存。必要时，应以在相同时期和相同条件下贮存的添加回收样品作为标准，检查贮存期间的影响。对于果皮和果肉分别检测的样品，应该在冷冻前将其分离，分别包装。保留样品应加封存放在适当的地方，并尽可能保留其原状。

2）试样贮存的冷藏箱、低温冰箱和干燥器应清洁、无化学药品等污染物；避免贮存样品的容器渗漏，且容器、盖子及塞子不得带入化学污染物。不稳定的残留物易损失，可将样品粉碎后冷冻保存（如放在干冰中）。如果粉碎会影响残留物（如二硫代氨基甲酸酯类或熏蒸剂），且实践中可替代的操作程序都不适用，则测试样应为完整的物品或从大的物品单元取下的一部分。

3）全部分析应在尽可能短的时间内完成以减少样品贮存时间。对于非常不稳定或易挥发的农药残留应在收样的当天开始检测，可能造成目标物损失的分析步骤也应在当天内完成。如果单个的测试单元不能代表整个样品，可对多个测试单元重复分析，以得到一个更接近真实值的指标。

（3）样品运输过程中的注意事项

1）采集的样品必须放在清洁、结实的容器或包装内运送到实验室。对大多数样品，可用聚乙烯袋，但对于那些要进行薰蒸剂残留分析的样品，必须采用低渗透性的包装袋（如尼龙薄膜袋等）。已有零售包装的样品在运送前不应该去除原有的包装；非常容易破碎或腐烂的物品，应该将其冷冻后放在“干冰”等冷冻剂中运送，运送过程中谨防解冻；在采集的时候是冷冻的样品，运送过程中也不能解冻；可能由于低温受到损害的样品，在运送过程中必须保持适当的温度。

2）大多数的新鲜样品必须尽快送到实验室（最好在当天）。送到实验室的样品，其外观状况应与内行的消费者可以接受的状态相近，否则，该样品应被视为不适于分析。样品要有清晰牢固的识别标记，防止造成标记的遗失和混乱。但在装有供薰蒸剂残留分析的样品的包装袋上不应该用含有有机溶剂的记号笔做标记。

3）高温季节样品运输应选择保持低温的容器。低温包装时，应使用适当的材料包裹样品，避免与冷冻剂接触造成冻伤。冷冻剂不可使用碎冰。样品应在24h内运送到实验室，否则，应将样品缩分冷冻后运输。原则上不准邮寄和托运，应由抽样人员随身携带。

4）除非征得实验室同意，样品不宜在星期五或法定节假日前一天送达。

三、畜禽产品

畜禽产品包括肉类、蛋类、奶类、蜂类等。其中畜禽肉包括猪肉、牛肉、羊肉、鸡肉、鸭肉、鹅肉、鸽肉、鹌鹑肉等；畜禽副产品内脏包括心、肝、肾、舌、胃、肠衣等；畜禽肉按照处理温度状态可分为：冷鲜畜禽肉和冷冻畜禽肉。蛋类包括鸡蛋、鸭蛋、鹅蛋、鹌鹑蛋等。奶类包括生鲜乳。蜂类产品包括蜂蜜、蜂胶、蜂王浆等。

（一）采样准备

1. 技术准备

首先确定抽样目的。明确检验类型是监督检验还是风险监测，并根据检验类型制定抽样计划和抽样程序，熟悉被抽样品的性状、质量安全状况、生产工艺及过程控制、生产地区样品情况、产品标准及验收规则。

确定被抽样品的检验分析项目。选择抽样方法及抽样数量。

制定抽样方案以保证抽样数量和抽样质量。

2. 抽样人员

抽样人员在抽样前应接受培训，包括与抽样样品相关的法律法规、标准及相关文件。确定样品抽样方法及抽样量、抽样及封样时的注意事项、抽样单的填写、样品贮存及运输途中的注意事项等。

抽样时，抽样人员应向被抽样单位出示工作证和抽样文件。抽样时，每次每组抽样人员应不少于2人。

抽样人员在抽样过程中按照抽样程序和抽样方案，认真完整地填写抽样单。

3. 抽样器具

根据所抽样品的性质不同，准备适于检验样品要求的器具。微生物检验抽样时，应准备灭菌容器。

抽样器具应清洁、无异味、无污染、不渗漏。相关物品有不锈钢刀具、带封条的洁净塑料包装袋、低温样品保存箱、一次性手套、标签、盛放微生物检

验样品的灭菌容器、冰袋、胶带等。抽取蛋类需要洁净卫生的格状专用盛蛋盘等，抽取生鲜乳需要搅拌棒、取样器、温度计、塑料封闭采样瓶等。

（二）畜禽肉和内脏的抽样

1. 冷鲜肉的取样

从同一批次样品中随机抽取一个样品，取背部、腿部或臀部之一的肌肉取样，同规格的分割肉上取若干小块混为一个样品。每份样品的重量不少于 1 kg（全项检验不低于 6 kg）；猪肝取整叶。

从同一批次样品中随机抽取 n 个样品（$n \geqslant 1$），取背部、腿部或臀部之一的肌肉取样，混为一个样品。每个样品的重量不少于 1 kg（全项检验不低于 6 kg）；猪肝样品，取同一批次 3~10 头猪肝混匀 1 kg（全项检验不低于 6 kg）的一份样品。

在成品库抽样：若是成堆产品，则从每批成堆产品中四角和中间设采样点，每点从上、中、下三层取若干小块混为一份样品，每份样品的重量不少于 1 kg（全项检验不低于 6 kg）；若是零散产品，随机从 3~5 片胴体上取若干小块混为一份样品，每份样品的重量不少于 1 kg（全项检验不低于 6 kg）。

2. 冻肉的取样

成堆产品：在堆放空间的四周和中间设采样点，每点从上、中、下三层取若干小块混为一份样品，每份样品不少于 1 kg（全项检验不低于 6 kg）。包装冻肉：500 g 以下的小包装，同批同质随机抽取 10 包以上；500 g 以上的包装，随机取 6 包混合，总量不少于 1 kg（认证检验、全项检验不低于 6 kg）。

3. 禽类样品的取样

鸡、鸭、鹅、兔：从每批中随机抽取去除内脏后的整只禽（兔胴体）5 只，每只重量不低于 500 g（适用于认证检验、全项检验）。

鸽子、鹌鹑：从每批中随机抽取去除内脏后的 30 只整体（适用于认证检验、全项检验）。

畜禽内脏：（包括心、肝、肾、舌、胃、肠衣）脂肪含量小于 10% 的组织整付。

蛋类：随机在当日的产蛋架上抽样。样品尽可能覆盖全鸡舍，将所得的样品混合后，随机收取鸡、鸭、鹅蛋取 50 枚，鹌鹑蛋、鸽蛋 250 枚。

生鲜乳：对生鲜乳收购站的储奶罐，采样前首先开动机械式搅拌装置至少

5 min。若没有机械搅拌设备则用人工搅拌器探入罐底，采取从下至上的方式搅拌 30 次以上。样品充分混匀后，用液态乳铲斗从表面、中部、底部三点采样，每个点的采集量为 1 L，将三点采集量混合至一个容器中，充分混匀后分装 3 份，供检测用。

用于检测微生物的样品采样时应佩戴无菌手套。在采集样品前所用抽样工具应清洗干净，并用医用酒精彻底擦拭灭菌。

蜂蜜：从每包样品中随机抽取 50~300 g，总量不少于 1 kg。

蜂胶：随机从包装中取出蜂胶若干块，用刀从不同蜂胶块上取下样品约 5~10 g，每批取样总量不得超过 300 g。将所取样品放在 3~10 ℃冰箱中 30 min，再取出将其砸成粉末状。

蜂王浆冻干粉：在同一批次产品中抽取不少于 150 g 样品，均分为 3 份，每份不少于 50 g，置于铝塑复合薄膜袋中密封保存。供检验、复检、备查用。

（三）样品封样、运输

将所抽样品分成两份包装，分别加贴封条由抽样人员送交检测单位进行检测。

运输过程应符合 NY/T 1056《绿色食品贮藏运输准则》规定。应使用卫生并具有防雨、防晒、防尘设施的专用冷藏车运输，运输过程中应控制运输温度，鲜肉和冷却肉为 0~4 ℃，冷冻肉为-18 ℃，温度变化为±1 ℃。

鲜蛋类：外包装采用特制木箱、纸箱、塑料箱等，内包装采用蛋托或纸格，将蛋的大头向上装入蛋托或纸格内，不得空格漏装。

蜂胶：运输过程中严禁烈日暴晒、雨淋和与有毒、有异味的商品同装混运。

生鲜乳：采集后采用保温箱内加冷媒运输，运输过程保持保温箱温度不高于 4 ℃。

（四）保存

样品应在 2~4 ℃条件下冰箱保存，应尽快进行制备实验，最好立即进行，保存时间不宜过长。若不能及时制备冷冻畜禽肉类样品应放在-18 ℃以下冰柜或冷库保存；其他禽蛋类、生鲜乳、冷鲜肉保存在 2~4 ℃冰箱或冷库中，应分类、分层存放；蜂产品应在阴暗避光处保存。冰柜或冷库应清洁、无化学药品等污染物。

用于微生物检验的样品保存在 2~4 ℃冰箱中，用专用冰柜存放微生物样

品。实验室按标准要求尽快检验。若不能及时检验，采取必要的措施保持样品原有状态，防止样品中目标微生物因客观条件的干扰而发生变化。

（五）畜禽产品样品制备

畜禽产品样品制备见表2－7。

1. 取样缩分

畜、禽的肉样品缩分时需要根据待检测样品的性质和检测要求采用不同的缩分方法。样品缩分前，必须先去除淤血、硬杆毛，以及不可食用的皮、骨骼等部分，然后进行样品的处理。

（1）冷鲜、冷冻畜禽肉：根据抽取样品而定，对于多块样品从每一块冷鲜肉上取若干小块肌肉混为一个样品四分法分成2份。对于大块样品采用切割四分法，样品的纵向轴互为垂直的切割两刀，把产品切割为4个部分，每部分形状大小一致，可将相对的两个部分弃去，得到剩余的二分之一，也可随机弃去一个形状大小一致的部分，得到剩余的四分之一。缩分后的样品量要满足检测要求。

（2）禽蛋产品：随机取整枚禽蛋8~10枚，去壳，将全部样品倒入足够大的容器中，用匀浆机将样品搅拌均匀，并从中盛取所需试样。

（3）生鲜乳、蜂蜜：取整瓶，用玻璃棒搅拌均匀并从中盛取所需试样。

（4）蜂胶：分取不同胶块或同一胶块的不同部位，放冰箱3~10 ℃冷冻1 h后，再取出粉碎。

2. 预处理

（1）冷冻畜禽肉在室温下解冻，只需样品稍微解冻变软方便取样，剔去筋腱、骨去皮至样品内部刚解冻且冻水未流出为宜。

（2）畜禽内脏、禽蛋需要清洗干净，奶类、蜂蜜类不需要处理，根据检测项目要求进行检测。

3. 制备过程的注意事项

样品在制备过程中，首先确保制样和储存器具清洁干燥，避免样品间污染，每次制样后将制样设备和工具清扫或擦洗干净，制样人员在制样过程中，应戴手套和口罩。其次，制备的样品量或试样量必须满足检验项目和样品存查的要求。存查样品在原始样品制备的同时，用相同的程序在一定的制样阶段分取。如无特殊要求，一般可以把制备的试样分为两份，一份供各项检测用，另一份留做备份。备份样品不得少于 300 g。

表 2-7 畜禽产品样品制备要求

样品类别	取样缩分	预处理	制备	盛装容器	保存条件
冷鲜畜禽肉	从每一块冷鲜肉上取若干小块肌肉混为一个样品四分法分成两份	剔去筋腱、骨去皮	搅碎机捣碎混匀	食品塑料袋或惰性材料广口瓶	待测样品：2~4 ℃冰箱；备份样品：-18 ℃冰柜或冷库保存
冷冻畜禽肉	分割肉上取若干小块混为一个样品四分法分成两份	室温下解冻，只需样品稍微解冻变软方便取样剔去筋腱、骨去皮	搅碎机捣碎混匀	食品塑料袋或惰性材料广口瓶	待测样品：2~4 ℃冰箱；备份样品：-18 ℃冰柜或冷库保存
内脏（心肝、肾、舌、胃等）	去除筋、腱，取可食部分，两份	清洗干净	搅碎机捣碎混匀	食品塑料袋或惰性材料广口瓶	待测样品：2~4 ℃冰箱；备份样品：-18 ℃冰柜或冷库保存
禽蛋	按检测项目要求随机取整枚禽蛋 8~10 枚	整枚清洗干净	磕碎蛋，用料理机充分搅拌。蛋白蛋黄分别分析时，按烹调的方法将其分开，分别搅匀	分两份分装惰性材料广口瓶或食品盒中	待测样品：2~4 ℃冰箱冷藏室；备份样品：-18 ℃冰柜或冷库保存
肠衣类	去掉附盐，沥净盐卤	将整条肠衣对切，一半部分留样（>100 g）	切碎肠衣，用搅碎机捣碎混匀	分两份分装食品塑料袋或惰性材料广口瓶	待测样品：2~4 ℃冰箱冷藏室；备份样品：-18 ℃冰柜或冷库保存
生鲜乳	取整瓶	—	混匀	玻璃瓶装（微生物样品用灭菌瓶盛装）	待测样品：2~4 ℃冰箱冷藏室；备份样品：-18 ℃冰柜或冷库保存
蜂蜜	取整瓶	—	混匀	惰性材料广口瓶	待测样品：2~4 ℃冰箱冷藏室；备份样品：-18 ℃冰柜或冷库保存

续表 2-7

样品类别	取样缩分	预处理	制备	盛装容器	保存条件
蜂胶	分取不同胶块或同一胶块的不同部位	放冰箱 3~10 ℃冷冻 1 h 后，再取出粉碎	用搅碎机捣碎混匀	无毒塑料薄膜或蜡纸包装	放阴暗避光处保存
蜂王浆	室温解冻至融化用玻璃棒充分搅匀	—	混匀	分两份装入塑料瓶。密封	待测样品：2~4 ℃冰箱冷藏室；备份样品：-18 ℃冰柜或冷库保存
测黄曲霉毒素 M_1 生鲜牛乳	取整瓶	—	混匀	玻璃瓶或惰性容器中	2~4 ℃下保存不超过 2 d；-18 ℃保存不长于 30 d
微生物检验畜禽肉类	按无菌操作在混合样品中取样	保持样品原有状态，尽快检验	—	—	2~4 ℃下保存不超过 24 h

四、水产品

(一) 样品采集 (抽样) 过程质量控制

样品采集带来的误差是农产品质量安全检测过程中主要的误差来源，因此样品的代表性是抽样工作的关键。目前，我国关于水产品样品采集（抽样）的规定已经出台了相关国家标准、行业标准、地方标准，主要有：GB/T 30891-2014《水产品抽样规范》、DB44/T 1432—2014《水产品质量安全监督抽查技术规范》、SC/T 3016—2004《水产品抽样方法》、SN/T 0376—1995《出口水产品检验抽样方法》、NY/T 5344. 7—2006《无公害食品　产品抽样规范　第 7 部分：水产品》等。

1. 工作人员的准备

质检机构抽样人员至少由 2 人组成，其中至少 1 人有抽样经验，抽样人员必须经过专业学习培训，培训内容为：与抽样产品相关的知识和产品标准、已经确定的样品抽取方案方法及抽样量、抽样及封样时的注意事项、样品运送过程中的注意事项等，并持有上岗证，具备相关的水产品检测专业素质，并有较好的敬业精神和认真负责的工作态度。抽样人员应熟悉相关法律法规和质量体系文件、工作认真，遵纪守法，坚持公正立场，严格执行有关保密规定。若是监督性质的水产品抽样工作，工作人员应包括渔业管理部门人员、执法人员和质检机构人员。在国家级水产品产地监督抽查抽样工作中，渔业管理部门包括省级、市级和县区级及以下的渔业管理部门人员，主要负责工作的协调和样品的抽取；执法人员主要是渔政人员，主要负责抽样过程中的执法工作，确保抽样工作的合法性，并保证工作的顺利进行；质检机构人员主要负责协助、监督、样品预处理和提供技术支持等工作。各部门人员各司其职、互相配合，严格按照法定程序开展监督抽查工作，确保工作的公正性和权威性。其中每组工作组中，执法人员至少 2 人，持有渔业执法证，具有良好的沟通和处理突发事件的能力。

2. 抽样的技术准备

根据样品的产品标准和监督检验抽样方法标准、省级以上行政部门批准发布的检验细则或评价规则、上级下达的抽样文件、有关部门委托抽样的文件、有效合同或与客户的约定制定详细的采样方案。采样方案的制定过程中应明确抽样的目的，明确不同的抽样检验所采用的抽样方法，并明确是出厂检验、需方或供需双方的交付验收、仲裁检验或监督检验。熟悉被检测产品的性状、质量安全的状况、生产工艺及过程控制、生产地区或生产者的情况、产品标准及验收规则。在采样方案中明确检验分析的内容，包括哪些检验项目（感官、物理、化学、微生物等）、检验分析是破坏性检验还是非破坏性检验。在采样方案制定时，明确抽样方法、抽样检验水平和质量水平等，建立抽样的质量保证措施。抽样人员应熟悉产品标准、检测细则、评价规则等检验依据规定的抽样方法和要求。

3. 抽样的物质准备

在抽样工作开展前，首先要根据相关标准和任务文件确定抽样实施方案，准备合适的抽样所需材料和工具。包括任务文件、采样方案、工作证件、抽样工作单、相关表格、捕捞工具、样品预处理工具、样品袋、样品牌、封条、封口胶、包装容器（包括保存和运输中所需要的器具、泡沫保温箱、冰袋等）、定位仪、实验服、手套和拍照器材等。应用无菌容器盛装用于微生物检验的样品。特别是预加工处理工具，要根据任务规定的待抽品种，选择合适的处理工具，如：一般的鱼类，要准备砧板、手术刀或菜刀等，要鱼皮的准备去鳞的工

具；虾类可携带手术剪刀以便去虾头、虾尾；蟹类和龟鳖类最好用硬度较好的大剪刀去壳；鳗鱼、乌鳢、黄鳝等体表较滑的品种可用防滑手套或毛巾或专用砧板，可以固定鱼体尾部便于取样；而贝类，如牡蛎还应准备专门的开壳工具。所准备的材料分类存放，以便查找；工具必须彻底清洗干净，避免污染样品。

4. 采样过程的质量控制

抽样过程是整个检测工作的重要过程，采集的样品是否具有合法性和代表性直接影响到检测结果的有效性和准确性。抽样人员在到达抽样地点后，应向被抽查单位及个人出示工作证、上岗证、抽样文件，说明来意，提出需协作的事宜，并请被抽样单位做好配合工作。抽样人员应查看现场，了解养殖、暂养情况或销售情况，按抽样方案抽取样品。抽样过程中应确保样品具有代表性，并遵循随机原则。活体的样本应选择能代表整批产品群体水平的生物体，不能特意选择特殊的水产品（如畸形、有病的）作为样品；鲜品的样本应选择能代表整批产品群体水平的生物体，不能特意选择新鲜或不新鲜的生物体作为样本。作为进行渔药残留检验的样品应为已经过停药期的、养成的、即将上市进行交易的养殖水产品。处于生长阶段的或使用渔药后未经过停药期的养殖水产品可作为查处使用违禁药的样品。用于微生物检验的样本应单独抽取，取样后应置于无菌的容器中，且存放温度为 0～10 ℃，应在 48 h 内送到实验室进行检验。所抽取样品的数量必须按照任务文件和 GB/T 30891—2014《水产品抽样规范》的规定进行：成品鱼类至少抽取 3 尾；成品虾类至少 10 尾；成品蟹类至少 5 只；贝类至少 3 kg；成品龟鳖类至少 3 只；其他品种至少 3 尾（只）以上。不能因为产品个大只取 1 尾鱼或若干尾虾。养殖活水产品以同一池或同一养殖场中养殖条件相同的产品为同一检验批次。捕捞水产品、市场销售的鲜品以来源及大小相同的产品为同一检验批次。水产加工品以企业明示的批号为同一批。

需要现场制样的，样品抽取完毕后，必须现场进行样品预处理。预处理方法按照实验室样品预处理方法进行。鱼类，至少取 3 尾鱼清洗后，去头、骨、内脏，取肌肉等可食部分制样；虾类，至少取 10 尾虾清洗后，去虾头、虾皮、肠腺，得到整条虾肉制样；蟹类，至少取 5 只蟹清洗后，取可食用部分（肉及性腺），绞碎混合均匀后制样；贝类，至少取 3 kg 清洗后，将样品开壳剥离，收集全部的软组织和体液匀浆制样，对于检测双壳类、腹足类、头足类、棘皮类中的镉，需要先去除内脏；藻类样品至少取 500 g，去除砂石等杂质后，均质制样；龟鳖类产品，至少取 3 只清洗后，取可食部分，绞碎混合均匀后制样。样品量为 400 g（贝类 700 g），平均分 2 份，由质检机构带回实验室，其中 1 份用于检测，另 1 份留样。被抽检单位要求自存留样的，可平分 3 份，每份 200 g，其中 2 份由质检机构带回实验室检验，另 1 份由被抽检单位置于-18 ℃冰箱中留样保存。在每个样品预加工前后应将直接与样品接触的刀具、砧板和盛放样品的盆等工具清洗干净，避免样品交叉污染。

监督抽查的抽样记录及封样：在抽样记录上要认真填写产品的名称、商标、规格、批号、抽样量、库存量、抽样基数，并准确地描述产品的状态及包装方式，以及所抽样品的运输方式。应认真填写被抽企业、生产企业的名称、地址、联系方式、企业信息，并由抽样人员签字确认后，再由被抽单位陪同抽样人员签字确认。所抽样品应由抽样人员妥善保管，随身带回，按产品执行标准中规定的贮存方式进行保存，保持样品的原始性，样品不得被暴晒、淋湿、污染及丢失。封样时，应将样品置于纸箱等容器中，封好，外加封条，并由抽样人员和被抽检单位人员签字确认。

（二）样品制备、保存及运输质量控制

1. 样品制备的质量控制

冷冻状态的样品放置室温下解冻制样，鲜活水产品直接制样。一般水产品的预处理按照采样过程中现场制样的水产品预处理方法进行。对一般水产品来说，室温下，水产品制样部分取好后，绞碎混合均匀后备用；贝类样品试样量 700 g，其他样品试样量为 400 g，其中一份用于检验，另一份作为留样。每制好一个样品，均要清洗制样机，避免样品间交叉污染。

微生物检测水产品的预处理方法如下：

（1）鱼类采取检样的部位为背肌，先用流水将鱼体体表冲净，去鳞，再用 75%的酒精棉球擦净鱼背，待干后用灭菌刀在鱼背部沿脊椎切开 5 cm，再切开两端使两块背肌分别向两侧翻开，然后用无菌剪子剪去肉 25 g，放入无菌均质袋（容器）中，加 225 mL 无菌生理盐水后使用均质器均质。或将样品放入灭菌乳钵中，用灭菌剪子剪碎，加灭菌海砂或玻璃砂研磨。磨碎后加入 225 mL 无菌生理盐水混匀样品。

（2）虾类采取检样的部位为腹节内的肌肉，将虾体在流水下冲净，摘去头胸节，用灭菌剪子剪除腹节与头胸节连接处的肌肉，然后挤出腹节内的肌肉，称取 25 g，以下操作同鱼类检样处理。

（3）蟹类，采取检样的部位为胸部肌肉。将蟹体在流水下冲净，剥去壳盖和腹脐，再去除腮条，复置流水下冲净。用 75%的酒精棉花球擦拭前后外壁，

置灭菌搪瓷盘上待干。然后用灭菌剪子剪开成左右两片，再用双手将一片蟹体的胸部肌肉挤出（用手指从足根一端向剪开的一端挤压），称取 25 g，以下操作同鱼类检样处理。

（4）贝壳类从缝中徐徐切入，撬开壳盖，再用灭菌镊子取出整个内容物，称取 25 g，以下操作同鱼类检样处理。

以上取样部位均以检验水产品肌肉内细菌含量从而判断其鲜度质量为目的。如需检验水产品是否带污染某种致病菌时，其检样部位应采胃肠消化道和鳃等呼吸器官，鱼类和头足类动物检取表面组织、肠或鳃；虾类检取头胸节内的内脏和腹节外沿处的肠管；蟹类检取胃和腮条；贝类中的螺类检取腹足肌肉以下的部分；贝类中的双壳类检取覆盖在斧足肌肉外层的内脏和瓣鳃。

水产品有毒有害物质残留限量中对水产品部位有特别限定的，按照限定部位进行取样。在制样的操作过程中，应防止样品污染或发生残留物含量的变化。五氯酚钠检测样品不可在冷藏温度（4 ℃）下解冻取样，4 ℃条件下，五氯酚钠在样品中稳定性差，易代谢、分解。在生物毒素检测样品制样时需要试剂来保证样品的检测。如河豚鱼毒素检测样品在制样时加入 5 倍体积 0. 1%的乙酸溶液，用组织匀浆器磨成糊状，立即提取检测。贝类贝毒检测样品制样时严禁以加热或药物方法开壳，注意不要破坏闭壳肌以外的组织，尤其是中肠腺（又称消化盲囊，组织呈暗绿色或褐绿色）。对于可以切取中肠腺的贝类，仔细切取全部中肠腺，将中肠腺称重后作为检样备用，注意不要使中肠腺内容物污染制样工具；不便切取中肠腺的贝类样品，将全部贝肉细切后组织匀浆，作为检样。冷冻微生物检测样品应在 35 ℃以下不超过 30 min 或在 2～5 ℃不超过 12 h 解冻后制样；非冷冻样品或鲜活水产品直接制样。一般微生物检测的样品制样应在洁净区域（包括超净工作台或洁净实验室）进行，洁净区域应有明显的标示。病原微生物检测的样品制样工作应在二级生物安全实验室（Biosafety level 2，BSL－2）进行。微生物制样工具和容器在使用前应保持清洁和/或无菌。制样过程遵循无菌操作程序，防止一切可能的外来污染。

2. 样品保存和运输的质量控制

采集的样品在包装、加封、查验无误后，根据不同的样品种类选择合适的保存和运输方式送至质检机构实验室。活水产品应使其保活状态，当难以保活时，可将其杀死按鲜水产品的保存方法保存。鲜水产品需要现场制样的，在采样现场室温 25 ℃下制样，制好的样品马上送入冷冻冰箱（－18 ℃）进行冷冻保存，保证样品到检测前不能融解、变质。12 h 内能开始检测的保存在 2～5 ℃

（冷藏条件）准备检测，不能开始检测的，须用冷冻方法（-18 ℃）进行保存。冷冻水产品要用保温箱加冰或采取必要的措施使样品处于冷冻状态，保证样品到制样前不能融解、变质。12 h 内能开始检测的保存在 2~5 ℃（冷藏条件）准备检测，不能开始检测的，须用冷冻方法（-18 ℃）进行保存。干制水产品应用塑料袋或类似的材料密封保存，注意不能使其吸潮或水分散失，并要保证其从送至实验室到进行制样的过程中的品质不变。能开始检测的马上开始检测，不能开始检测的，须用冷冻方法（-18 ℃）进行保存。其他水产品的保存同干制水产品，必要时可使用冷藏设备。微生物检测样品的保存，按要求尽快检验。若不能及时检验，采取必要的措施保持样品的原有状态，防止样品中原有微生物因客观条件的干扰而发生变化。需保持样品处于无污染的环境中，要低温保存，冻品保持冷冻状态，鲜、活品应尽量保持样品的原状态（0~10 ℃），从抽样至送到实验室的时间不能超过 48 h，并且要保证在此过程中，样品中的微生物含量不会有较大变化。

抽样人员将样品带回实验室与业务室样品管理员进行交接时，应查看抽样袋、标签和封样单是否完好无损，确认样品的状态和抽样量；查看抽样单上填写的信息是否与样品相符，双方确认样品及其信息无误后，在样品接收单上签字确认。由样品管理员对样品进行状态标识，并按实验室质量管理体系流程进行流转。

五、食用菌产品

（一）样品采集过程质量控制

在食用菌检测过程中，检测样品的科学性严谨性和规范性直接影响总体样本的质量，因此如果在检测任务中涉及样品采集，需制订采样计划，确保样品具有代表性，且采样过程需有详细的信息记录（如采样地址、采样种类、采样数量、样品唯一性标识、采样人员等）。

1. 采样计划

采样计划的制订可以保证样品采集过程有序进行，在采样之初应制订详细的采样计划，结合任务要求制订详细的采样计划。根据所采集的食用菌品种确定采样时间（某些品种为季节性出菇），对采样路线合理安排，并且根据所采集的样品类别以及相关标准准备合适的容器，如样品采集袋或样品瓶，并规定所采集样品的重量，尽可能避免采样误差。

2. 食用菌样品采集准备工作

采样前需对采样人员进行培训，加强采样相关规定的学习，提高采样人员的专业水平。确保采样队伍持抽样证上岗。主要学习内容有采样原理及方法、采样方案设计、采样过程的质量控制、采样程序及文书填写规范等，保证采样结果的科学性和代表性。

采样人员在采样前通常会准备一个采样包，可以保证采样顺利进行，包中可以准备的物品如表 2－8 所示。

表 2－8　食用菌样品采集准备材料

文件	采样计划、采样任务书、介绍信、工作证、样品采集信息记录单等
工具	小铲子、小刀、记号笔、尺子、相机、样品采集袋、样品瓶、样品标签等
个人装备	遮阳帽、胶皮手套、防止蚊虫叮咬的药、运动鞋等

3. 食用菌采样注意事项

食用菌样品采集数量根据种类的不同取样量会有不同，依据 GB/T 23775—2009《压缩食用菌》以及实验室多年检测经验，总结食用菌样品采集量如表 2－9所示。

表 2－9　食用菌生产流通环节采样量

<table>
<tr><th>序号</th><th>采样环节</th><th colspan="2">采样种类</th><th>采样量</th></tr>
<tr><td rowspan="5">1</td><td rowspan="5">培养料准备</td><td rowspan="3">培养原辅料</td><td>木屑、麦麸</td><td>500 g</td></tr>
<tr><td>蔗糖、石膏粉或其他辅料</td><td>500 g</td></tr>
<tr><td>拌料水</td><td>1 L</td></tr>
<tr><td>装袋、灭菌</td><td>拌好料装袋前的菌棒</td><td>500 g</td></tr>
<tr><td>冷却、接种</td><td>冷却接种前的菌棒</td><td>5 个</td></tr>
<tr><td rowspan="2">2</td><td rowspan="2">菌丝培养</td><td colspan="2">菌丝发满后的菌棒</td><td>5 个</td></tr>
<tr><td colspan="2">移入菇棚或菇房前的菌棒</td><td>5 个</td></tr>
<tr><td rowspan="4">3</td><td rowspan="4">出菇期（如若没有特殊要求，出菇期采样均采集大菇）</td><td colspan="2">菇蕾</td><td>1000 g</td></tr>
<tr><td colspan="2">小菇</td><td>1000 g</td></tr>
<tr><td colspan="2">大菇</td><td>1000 g</td></tr>
<tr><td colspan="2">出菇期用水</td><td>1 L</td></tr>
<tr><td rowspan="2">4</td><td rowspan="2">干制</td><td colspan="2">烘干样品</td><td>500 g</td></tr>
<tr><td colspan="2">晒干样品</td><td>500 g</td></tr>
</table>

续表 2-9

序号	采样环节	采样种类	采样量
5	流通领域	鲜品	1000 g
		干品	500 g

表 2-9 中列出的采样量适合一般检测需求，如需要进行科学研究或其他特殊检测则应该相应调整样品采集量，在食用菌样品采集过程中还需注意方面：

（1）若在生产基地采集食用菌鲜品，应采集不同区域或菇房的菇合计 1000 g。菌棒也应采自不同区域或菇房合计 5 个。

（2）鲜菇及时冷藏，如不是在本地采样最好能够联系当地实验室及时制样并速冻。

（3）水样用干净的玻璃器皿存放，其他样品用纸袋存放。

（4）若采集食用菌用于荧光物质的检测，则不要使用纸袋存放，避免纸制品中的荧光增白剂污染样品。

在整批货物中，包装产品以同类货物的小包装袋（盒、箱）为基数，按下列整批货物的件数为基数随机采样，具体采样件数见表 2-10。

表 2-10　整批货物最低抽样数

整批货物件数	最低抽样件数
50	2
51~100	4
101~200	5
201 以上	6

产品每增加 50 件，样品加抽 1 件，小包装重量不足检验所需重量时应加大抽样量，在整批货物中，随机抽取所需样品，每次抽取样品 1000 g，其中 500 g 作为检样、500 g 作为存样。

（二）样品制备、保存及运输质量控制

食用菌样品的制备是实验室检测环节的第一步，也是非常重要的一步，关系到检测质量和检测结果的代表性和准确性，因此在制备过程中需要注意以下几个方面。

1. 通用要求

所有样品的制备均需达到均匀性，制备过程避免污染，并且制备后的样品要符合检测标准中规定的制备粒度和数量要求。

（1）四分法：将原始样本置于一块塑料布上，提起塑料布的一角，使样品反复多次混合均匀，然后将样品展平；或者将采集的原始样品在清洁的平面上混合均匀，用分样板或药铲从中划“十”字或以对角线连接，将样本分成四等份，除去对角的两份，将剩余的两份，如前述混合均匀后，再分成四等份，重复上述过程，直到剩余样本数量与测定所需要的用量相接近时为止。

（2）风干样的制备：不含游离水，吸附水在15%以下的样品叫风干样品。对于吸附水分在15%以上的食用菌鲜品，要先在50～80 ℃下干燥至样品适宜粉碎时测得原始水分值，然后按风干样进行粉碎。

（3）检验微生物所用的食用菌样品一般无需制备，按样品原状态取样。

2. 食用菌干品的制备

先将食用菌干品混匀，用四分法缩分至250 g左右，约取50 g食用菌样品在粉碎机上粉碎后弃去，该步骤可达到清洗粉碎机的目的，避免不同样品粉碎过程中的交叉污染。清洗粉碎机后可将其余样品根据所测项目，根据检测方法标准规定分别粉碎至能过0.425 mm（40目，粗蛋白、粗灰分、粗脂肪、钙、磷）、0.250 mm（60目，氨基酸）筛等。

所粉碎的样品应该根据所需要目数选择样品筛过筛，少量的筛上剩余物不得弃去，应和筛下样品混匀后装入自封袋，贴上样品标签，注明样品名称、样品编号、样品状态等信息。

3. 食用菌鲜品的制备

食用菌样品制备前不得洗涤，取可食部分，用干净纱布轻轻擦去样品表面的附着物，采用对角线分割法，取对角部分，剔除杂物后用家用食品加工机全株粉碎制样成糊状。每次制样前约取50 g在粉碎机上粉碎（以清洗粉碎机）弃去，其余样品制好后全部装入样品罐，贴上样品标签，注明样品名称、样品编号、样品状态等信息。

需要注意的是在对食用菌中的二氧化钛（一种商贩添加的蘑菇增白剂，用于给双孢蘑菇增白，防止褐变）进行检测前，一定要先将泥土擦拭干净后再制样，因为泥土中一般含有Ti元素，且含量较高，即使沾有少量泥土也会造成样品的假阳性。

在食用菌鲜品和干品的制备过程中，所用工具和容器略有不同，鲜品需要用到无色聚乙烯砧板或木砧板、不锈钢食品加工机、聚乙烯塑料食品加工机、高速组织分散机、不锈钢刀、不锈钢剪等；干品需要用到不锈钢磨、旋风磨、玛瑙研钵、无色聚乙烯塑料薄膜、白搪瓷盘等。分装样品的容器用具塞磨口玻璃瓶、旋盖聚乙烯塑料瓶、具塞玻璃瓶等，规格视量而定。

当然，并不是所有的检测项目都需要制样，例如食用菌的感官检测、荧光增白剂检测等项目就无需制样处理，可直接检测。

4. 食用菌样品的保存

食用菌样品的保存不得与有毒、有害和易传播霉菌、虫害的物品混合存放，同时需要保存在通风、阴凉、干燥和有防潮防鼠设施的样品间保存。

食用菌干品制样后应标示清楚，保存在干燥避光的条件下，食用菌鲜品制样后标示清楚，若要立即检测，可以先放置于0~4 ℃冰箱中保存，检测完毕后的样品需保存在-20 ℃冰箱中保存。同时要做好样品保密工作，禁止与检验无关的人员接触样品，严禁样品丢失的现象发生。冰箱或冰柜中有样品期间，应由专人每天在《冰箱温度监控记录》中填写相关记录。

需要注意的是食用菌鲜品在初次制样后一般都呈糊状，质地均一，称取方便，但冷冻保存再解冻后会产生水样分层，在进行称样量较小的检测项目时会造成取样不均匀的现象（如粗蛋白的检测、单糖的检测等），直接造成检测结果平行性差、重现性差的结果，因此尽量在鲜品制样后立即称取检测，确保检测结果的可靠。

5. 食用菌样品的运输

制样前的食用菌样品在运输时一定要轻装、轻卸，防止样品上覆盖重物，还需要避免机械损伤，运输工具的选择应该保证清洁卫生、无污染物、无杂质；在运输过程中要防日晒（影响食用菌感官检测、某些农药见光易分解，会影响检测结果）、雨淋，样品需要有包装，不可裸露运输；同时不得与有毒、有害、有异味的物品和鲜活的动物混装混运。

制样后的样品如需运输，需冷链运输，样品置于保温箱中，同时保温箱中放置冰块，并选择尽可能快捷的交通方式进行运输，防止样品腐败变质。

六、茶叶产品

（一）样品采集质量控制

样品是实验室检测工作的对象，样品采集也是检测工作过程的首要环节。茶叶检测用样品采集有田间茶叶（茶叶原料）和成茶两种类型。

1. 采样原则

（1）代表性：在田间按照一定路线多点采取组成混合样品。避免有边际效

应或其他原因的特殊个体作为样品，特大特小、奇异及受病虫害或机械损伤等的个体不能作为样品采集。

（2）典型性：针对所要达到的目的，采集能充分反映这一目的的典型样品。

（3）适时性：针对不同的采样目的和测试项目，必须做到适时采样。

2. 田间茶叶（茶鲜叶）样品的采样方法

根据不同情况分别按梅花点法、棋盘式法、蛇形法等进行多点取样，然后等量混匀组成一个混合样品。

梅花点法：适用于面积较小、地势平坦、均匀的地块，设分点 5 个左右；棋盘式法：适用于中等面积、地势平坦、不够均匀的地块，设分点 10 个左右；蛇形法：适用于面积较大，且地势平坦、均匀的地块，设分点 15 个左右，地势不平坦的、不均匀的地块，设分点 20 个左右。

（1）采样工具

开箱器、取样铲、有盖的专用茶箱、塑料布、分样器、茶样罐、包装袋以及其他适合特殊采样要求的工具。取样用具和盛器（包装袋）应符合食品卫生有关规定，即清洁、干燥、无锈、无异味。盛器（包装袋）应防尘、防潮、避光。

（2）田间样品采样的质量控制

首先应视采样地块大小及生长均匀程度设置 5~20 个采样点，采样点可按梅花点法、棋盘式法或蛇形法设置，以 0.1~0.2 hm^2 为采样单元，在采样单元内随机选取 10~20 个植株，每株采集上、中、下多个部位的叶片混合成样，不可单取老叶或新叶作代表样。将采集的茶鲜叶仔细包好，立即放入透气网袋内。填好采样记录表和标签，标签一式两份，一份装入样品包装内，一份挂在样品包装外。

采样记录表：包括样品编号、采样地点（包括市、县、乡、村及地物特征等）、采样地基本情况（利用情况、地形、坡度等）、采样时间、采样方法（包括样点配置方法、样点距离、采样点数等）、其他内容（采样人员、GPS 定位坐标、照片等相关内容）等信息内容。

采样标签：包含样品编号、采样时间、采样人等信息。

3. 成茶样品的采样方法

（1）采样方法

1）批

品质一致并在同一地点、同一期间内加工包装的有相同茶类、花色、等级、茶号、包装规格和定量包装净含量的茶叶。

2）大包装取样件数

取样件数按下列规定：1～5 件，取样 1 件；6～50 件，取样 2 件；51～500 件,每增加 50 件（不足 50 件者按 50 件计）增取 1 件；501～1000 件，每增加 100 件（不足 100 件者按 100 件计）增取 1 件；1000 件以上，每增加 500 件（不足 500 件者按 500 件计）增取 1 件。

3）小包装取样件数

取样件数的样品量能达到 500～1000 g，满足检测需要。

4）散装取样件数

从规定的件数里，按上、中、下各部位，置于有盖的专用茶箱中混匀，用分样器或四分法，逐步缩分至 500～1000 g，作为平均样品。

（2）取样步骤

抽取规定的件数，每件用取样铲取出代表性样品约 250 g，置于有盖的专用茶箱中混匀，用分样器或四分法，逐步缩分至 500～1000 g 作为平均样品，分装于两个茶样罐中，供检验用。检验中的试验样品应有所需的备份，以供复验或被查之用。

（3）送达检验时间

所取平均样品应及时送达检验部门，最迟不超过 48 h。

（4）取样报告单

一式三份由各相关部门留存，应写明包装及产品外观的任何不正常现象以及所有可能会影响取样的客观条件，具体应包括以下几个内容：取样地点；取样日期；取样时间；取样者姓名；取样方法；取样时样品所属单位盖章或证明人签名；品名、规格、等级、产地、批次、取样基数、样品数量及说明；包装质量；取样包装时的气象条件。

（二）样品制备、保存及运输质量控制

1. 样品制备的基本原则

（1）样品制备时应依据制品的特性、原始记录的情况，确定制样的方法。

（2）样品制备时应使原始样品的各部分都有相同的概率进入试样。

（3）在样品制备过程中，制备方法和制备工具、设备等都不能破坏样品的代表性、改变样品的组成，不能使样品受到污染。

（4）样品制备数量：制备的检验样品量和试样量必须满足检测项目的规定（一般为检测需要量的 2~3 倍）。

2. 分样方法

将原始样品充分混匀，进而分取平均样品或试样的过程，称为分样。对于茶叶等颗粒状样品，应采用四分法或分样器法分样。

（1）四分法：将样品倒在光滑平坦的桌面上或玻璃板上，用两块分样板将样品摊成正方形，然后从样品左右两边铲起样品约 10 cm 高，对准中心同时倒落，再换一个方向同样操作（中心点不动），如此反复混合四、五次，将样品摊成等厚的正方形，用分样板在样品上划两条对角线，分成四个三角形，取出其中对顶两个三角形样品，剩下的样品再按上述方法反复分取，直至最后剩下对顶两个三角形样品接近所需试样重量为止。

（2）分样器法：分样器适用于成茶茶叶分样。分样器由漏斗、分样格和接样斗等部件组成，样品通过分样格被分成两部分。分样时，将清洁的分样器放稳，关闭漏斗开关，放好接样斗，将样品从高于漏斗口约 5 cm 处倒入漏斗内，刮平样品，打开漏斗开关，待样品流尽后，轻拍分样器外壳，关闭漏斗开关，再将两个接样斗内的样品同时倒入漏斗内，继续照上法重复混合两次。以后每次用一个接样斗内的样品按上述方法继续分样，直至一个接样斗内的样品接近需要试样重量为止。

3. 检测样品制备质量控制

茶叶检测主要包括有感官品质、理化品质、重金属、农药残留、微生物等方面的检测。茶叶感官品质检测是对茶叶的品质、等级和制作等方面的一个检验，依靠人的感觉（视觉、嗅觉、味觉、触觉）来鉴定。除评茶人员的技能外，还应具备审评的设备、良好的环境、合理的程序和正确的方法。茶叶感官审评用茶叶样品应保留原始状态从而可以对茶叶样品的外形和叶底的色泽、嫩度、整形度等进行评价，不需要进行磨碎制备。

（1）紧压茶以外的各类茶叶：先用少量试样磨碎，弃去，再磨碎其余部分，作为待测试样。

（2）紧压茶：用锤子和凿子将紧压茶分成 4~8 份，再在每份不同处取样，用锤子击碎或用电钻在紧压茶上均匀钻孔 9~12 个，取出粉末茶样，混匀，作为待测试样。

4. 检测样品包装和运输质量控制

检测样品应该进行简单包装，确保茶叶样品的完好性状，同时盛装检测样品的容器应该密封完好。装运茶叶的运输工具必须清洁、无毒、无异味，不得与其他有毒、有异味的物质同车装运，运输途中要注意防雨、防潮、防止污染。在运输时应防潮、防雨、防暴晒；装卸时轻放轻卸，严禁与有毒、有异气味、易污染的物品混装运输。检测样品的储存和运输应避免茶叶产品发生任何变化，取样后检测样品送到实验室后应尽快开展检验工作。

5. 检测样品保存质量控制

（1）感官品质检测样品保存

将原始样茶充分拌匀后，用对角四分法取代表性200~300 g，平均分成两份作为审评用茶，一份直接用于审评，另一份于室温下或按样品保存条件下留存备用。

（2）理化品质检测样品保存

将茶叶磨碎成均匀的样品，颗粒度不大于0.6~1.0 mm。储于洁净、干燥、避光、密闭的玻璃瓶或塑料瓶等不与样品起反应的材料制成的容器中，并标明标记，于室温下或按样品保存条件下保存备用。

（3）重金属检测样品保存

将茶叶磨碎成均匀的样品，颗粒度不大于0.425 mm（40目）。储于洁净的塑料瓶中，并标明标记，于室温下或按样品保存条件下保存备用。

（4）农药残留检测样品保存

从原始样品取出有代表性试样500 g，用粉碎机粉碎，必须注意控制粉碎机转速，以防粉碎温度过高，造成某些农药遇高温分解，并使其全部通过0.850 mm（20目）的样品筛，混合均匀，装入洁净的容器内，密封并标识。

试样于0~4 ℃冷藏避光保存。对不稳定农药残留样本应立即测定，容易腐烂变质的样本（如茶鲜叶）应马上捣碎处理，并于20 ℃冷冻保存。

取样、制样及保存过程中应防止试样受到污染或者残留农药含量发生变化。

七、饲料产品

（一）样品采集过程质量控制

1. 概述

采样是检测前最为关键的一步，只有采样正确，才能真正反映这批产品的真实情况，才能有一个真实的结果，如果采样不正确或不规范，那么检测出的数据就不具有代表性。

抽样的过程中，要严格按照GB/T 14699.1—2005《饲料　采样》和农业部

公布的“饲料采样方法”进行抽样，对被检饲料生产、经营企业和畜禽养殖分布情况进行调研。根据饲料生产、经营和养殖状况，结合监测计划要求，确定监测地点及被检饲料生产、经营企业和养殖场（户），有计划的完成饲料抽检任务。抽取样品应充分考虑到大、中、小型企业的比例，根据监测计划研究制定抽样实施方案，并在每次抽样前组织参加抽样的工作人员学习相关法律、法规、抽样方案、抽样技术、工作纪律等。

根据抽样方案准备抽样所需物品，抽样过程中抽样人员不得少于 2 人，人员必须经过培训上岗。配合饲料、浓缩饲料、饲料原料抽取样品量约 600~1000 g；添加剂预混料、添加剂抽取样品量约 600~1000 g 或同等重量的包装。抽取反刍饲料和含有动物源性的饲料产品，应使用单独容器，防止交叉污染，并将包装好的样品完全密封，防止样品在运输及交接过程中交叉污染和包装破损。抽样人员应妥善保存所抽取的样品，防止样品变质。有特殊保存要求的样品应配备相应的容器和设备。

2. 基本要求

为了满足商业、技术和法律目的的质量控制中对动物饲料包括渔用饲料的采样需求，应采取代表性采样、选择性采样或从统计学考虑。代表性采样的目的是从一批产品中获得小部分样品，而测定这小部分样品的任何特性均可代表该批产品的平均值，尽可能地考虑到采取被检饲料的各个不同部分、不同位置，不同深度和广度，多点取样，按随机抽样原则使每个个体被抽到的机会相等，使最终抽取的样本能代表整批对象；选择性采样是被采样的一批（批次）样品的某部分在质量上明显不同于其他部分，对这部分产品应区别对待，单独作为一批产品进行采样，并在采样报告中加以说明；统计学考虑是动物饲料采样的常用方法，对采样属性而言，存在着根据二项式分布进行的理论采样方法，但在实际工作中，这个方法应简化为批量大小和份样数量之间的平方根关系。

采样应该由受过适当培训并有饲料采样经验的人员执行，而且采样人员应意识到采样过程可能涉及的危害和危险。采样前应对产品进行确认和全面检查，确认有疑问的产品。为此应适当比较产品的数量、重量或产品的体积及容器上的标记和标签，以及有关资料。采样报告记录包括相关代表性样品的采样和涉及产品及其周围条件的所有特征。如果产品出现损坏，要除去损坏的部分，将特性相似的产品划分在一起，并把每一部分作为独立的产品处理。

选择适合产品颗粒大小、采样量、容器大小和产品物理状态等特征的采样设备。散装饲料采样使用普通铲子、手柄勺、柱状取样器（如取样钎、管状取样器、套筒取样器）和圆锥取样器。取样钎可有一个或更多的分隔室。流速比较慢的流动产品的采样可以手工完成。袋装或其他包装饲料的采样用手柄勺、麻袋取样钎或取样器、管状取样器、圆锥取样器和分割式取样器。从流动的产品中周期采样可以使用认可的设备（例如气力装置）。流度较高的流动产品的采样可以通过手工控制机器来完成。

从液体或半液体产品手工或机械方法采样的设备应选取适当大小的搅拌器、取样瓶、取样管、带状取样器和长柄勺。首先对设备进行清洁，采样、缩样、存贮和处理样品时，应特别小心，确保样品和被取样货物的特性不受影响。采样设备应清洁、干燥、不受外界气味的影响。用于制造采样设备的材料不影响样品的质量。在不同样品间，采样设备应完全清扫干净，当被取样的货物含油高时尤其重要。取样人员应带一次性的手套，不同样品间应更换手套，防止污染随后的样品。

一般要求装样品的容器应确保样品特性不变直至检测完成。样品容器的大小以样品完全充满容器为宜。容器应当始终封口，只有检测时才能打开。制造样品容器的材料应不影响样品的品质。固体产品的样品容器及盖子应是防水和防脂材料制成的（例如，玻璃、不锈钢、锡或合适的塑料等），应是广口的，最好是圆柱形的，并与所装样品多少相配套。合适的塑料袋也可以。容器应是牢固和防水的。如果样品用来测定像维生素 A、维生素 D_3、维生素 B_2和维生素 C、叶酸等对光敏感的物质和像维生素 K_3、维生素 B_6和维生素 B_{12}等对光轻微敏感的物质，容器应是不透明的。液体和半液体产品的样品容器应由合适材料制成（最好是玻璃或塑料），并要求容量合适、密闭、深色。

3. 采样步骤

（1）采样位置

在条件许可的情况下，采样应在不受诸如潮湿空气、灰尘或煤烟等外来污染危害影响的地方进行。条件许可时，采样应在装货或卸货中进行。如果流动中的饲料不能进行采样，被采样的饲料应安排在能使每一部分都容易接触到，以便取到有代表性的实验室样品。

（2）产品分类

按采样目的，饲料可分为以下几类：1）固体饲料——谷物、种子、豆类和颗粒饲料；2）固体饲料——粉状饲料；3）粗饲料；4）舔块；5）液体和半液体饲料。

（3）样品量

要得到能代表整个批次产品的样品，就必须设置足够的份样数量。根据批次产品数量和实际采样的特点制订采样计划，在计划中确定需采的份样数量和重量。

（4）批次产品量

对于袋装的产品批次量是由包装袋的数量和包装袋的容量确定。对于散装的产品，批次量是由盛该散样的容器数量决定的，或由满装该产品的容器的最少数量确定。如果一个容器内装的产品量已超过一个批次产品的最大量时，该容器内产品即为一个批次。如果一批次散装产品形态上出现明显的分级，则需要分成不同的批次。

对于贮存于罐或类似容器的产品，随机选择份样的最小数量见表 2－11。

表 2－11　罐或类似容器的产品最小采样量

批次的重量 m/t	份样的最小数量
≤2. 5	7
>2. 5	$\sqrt{20m}$，不超过 100

如果产品包装于袋中，随机选择份样的最小数量如下。

1）如果总量小于 1 kg，见表 2－12。

表 2－12　批次的包装袋最小采样量（总量小于 1 kg）

批次的包装袋数 n	份样的最小数量
1～6	每袋取样
7～24	6
>24	$\sqrt{2n}$，不超过 100

2）如果总量大于 1kg，见表 2－13。

表 2－13　批次的包装袋最小采样量（总量大于 1 kg）

批次的包装袋数 n	份样的最小数量
1～4	每袋取样
5～16	4
>16	$\sqrt{2n}$，不超过 100

（5）采样量

见表2－14。

表2－14　样品采样量

批次产品总量/t	最小的总份样量/kg	最小的缩分样量[a]/kg	最小的实验室样品量/kg
1	4	2	0.5
1≤5	8	2	0.5
>5≤50	16	2	0.5
>50≤100	32	2	0.5
>100≤500	64	2	0.5
[a]最小量应可供取4个实验室样品。			

（6）采样程序

对于散装产品，尽可能地在装或卸时采样。同理，如果产品是直接装到料仓或仓库中，则尽可能地在装入时取样。如果是从堆状等散装产品中取样，根据表2－14中的份样的最小数量，决定本次取样的份样数。然后，随机选取每个份样的位置，这些位置既覆盖产品的表面，又包括产品的内部，使该批次产品的每个部分都被覆盖。在产品流水线上取样时，根据流动的速度，在一定的时间间隔内，人工或机械地在流水线的某一截面取样。根据流速和本批次产品的量，计算产品通过采样点的时间，用该时间除以所需采样的份样数，即得到采样的时间间隔。

从袋装产品中采样，要随机选择需采样的包装袋，采样的包装袋总数量根据表2－14的最小份样来决定。打开包装袋，用采样器具采取每个份样。如果是在密闭的包装袋中采样，则需要取样器。采样时，不管是水平还是垂直，都必须经过包装物的对角线。份样可以是包装物的整个深度，或是表面、中间、底部这三个水平。在采样完成后，将包装袋上的采样孔封闭。如果上述的方法不适合，则将包装物打开倒在干净、干燥的地方，混合后铲其一部分为份样。在采样完成后应尽快处理，以避免样品质量发生变化或被污染。将所得到的每个份样进行充分混合后得到总份样，其重量不应小于2 kg。充分将缩分样混合后分成3个或4个实验室样品放入适当的容器中，供实验室分析用，每个实验室样品重量最好相近，但不能小于0.5 kg。

1）粉状产品的采样

粉状产品包括：植物源性的粉状物，如整粒或部分谷物，未加工、加工或浸提的油料籽实，未加工、加工或浸提的豆科籽实，干苜蓿或干草，植物蛋白浓缩物，淀粉，酵母等；动物源性的粉状物，有鱼粉、血粉、肉粉、肉骨粉、

骨粉、奶粉、乳清粉、预混合饲料、矿物质添加剂、配合饲料、饲料添加剂等。这些产品是对上述物料进行加工（如粉碎、碾磨或干燥）获得的，其粒度远小于未加工处理的单种物料或混合物。粉状产品不论交付量有多大，一个批次内产品的量不宜超过 100 t。

在采样时应注意：由于干的粉状饲料中粉尘的一致性高，采样时应防止其爆炸。由于产品是经加工处理的，因此受微生物侵害腐败的可能性增加。在预先检查整个批次产品时，应特别注意有无异常。如有异常，应将这部分与其他部分分开。粉状物易于结块，有时需要添加抗结块剂。当发生结块时，应进行额外的处理或分开采样。如果产品产生较严重的分级，则应分步采样。

2）粗饲料的采样

粗饲料包括：鲜青绿饲料（苜蓿、牧草、玉米等）；青贮青绿饲料（苜蓿、牧草、玉米等）；干草（苜蓿、牧草等）；秸秆；饲用甜菜；干糖蜜；块根、块茎（马铃薯等）等。由于产品遗传因素变化大，加上贮存方式的不同，粗饲料产品的特性变化很大，量大时更是如此。在量大的一批次粗饲料产品间，要求其均匀性是非常困难的。通常粗饲料在贮存和搬运时为散装的，采样时的最小份样数规定见表 2－15。

表 2－15　粗饲料样品最小份数

批次的重量 m/t	份样的最小数量
≤5	10
>5	$\sqrt{40m}$，不超过 50

样品的重量见表 2－16。

表 2－16　粗饲料样品采样重量一览表

产品种类	最小的总份样量/kg	最小的缩分样量[a]/kg	最小的实验室样品量/kg
青绿饲料、甜菜、块根、块茎、青贮粗饲料	16	4	1
干燥的粗饲料、块根、块茎	8	4	1
[a]最小量应可供取 4 个实验室样品量。			

粗饲料采样时，通常是靠手工获得每一个份样。进行堆积产品、青贮窖、青贮堆内产品的采样时，按表 2－15 计算需采样的份数，随机布置备份样点，但应保证产品的各层均被覆盖。青贮塔内产品的采样应注意安全，最好在搬运

过程中采样；进行捆状产品采样时，按表 2－15 计算需采样的份样数，随机布置各份样点，每一捆取一个份样，应采集一个完整的截面。在采样完成后应尽快处理，以避免样品质量发生变化或被污染。在混合总份样时应注重其可操作性，通常应将样品切成小块。总份样经过逐步分取获得重量不小于 4 kg 的缩分样。对于大块块状产品，将总份样的块数减半，随机选择其中的块构建成缩分样。除非必须，不要在缩分阶段将总份样切短。

3）块状、砖状产品的采样

如矿物质的舔砖、舔块等。批次产品量该类产品一个批次量不应超过 10 t。

采样时以该类产品的单位数计算最小份样数，规定见表 2－17。

表 2－17　块状、砖状产品最小采样份数

批次内含的产品单数 n	最小的份样数（产品单位数）
≤25	4
26～100	7
>100	$\sqrt{n}$，不超过 40

样品的重量见表 2－18。

表 2－18　块状、砖状产品最小样品重量

最小的总份样量/kg	最小的缩分样量[a]/kg	最小的实验室样品量/kg
4	2	0.5
[a]最小量应可供取 4 个实验室样品。		

如果舔砖、舔块较小，则整个舔砖或舔块作为一个份样。如果用整个或大部分舔砖（块）作为份样，则需打碎。将所得到的每个份样进行充分混合后得到总份样，将总份样重复缩分获得适当的缩分样，其重量不应小于 2 kg。

4）液体产品的采样

液体产品有低黏度产品、高黏度产品。该类产品一批次通常在 60 t 或 60000 L以内。如果一个容器含量超过 10 t 或 10000 L 时，这一容器内产品即为一个批次。随机选择份样时，份样的数量规定如下：

散装产品：见表 2－19。

表 2－19　散装产品最小采样份数

批次产品量		最小份样数
重量/t	体积/L	
≤25	2500	4
>2.5	2500	7

如果不能保证产品的均匀性，则应该增加份样数以保证实验室样品的代表性。对于贮存容器体积不超过 200 L 的产品，采样时抽取容器的数量计算如下：

（a）如果容器体积不超过 1 L（含 1 L），参见表 2－20。

表 2－20　容器样品最小采样数（容器体积不超过 1 L）

批次内含的容器数 n	最小的抽取容器数
≤16	4
>16	$\sqrt{n}$，不超过 50

（b）如果容器体积超过 1 L，参见表 2－21。

表 2－21　容器样品最小采样数（容器体积超过 1 L）

批次内含的容器数 n	最小的抽取容器数
1～4	逐个
5～16	4
>16	$\sqrt{n}$，不超过 50

（c）样品的重量，见表 2－22。

表 2－22　液体样品最小抽样重量

最小的总份样量		最小的缩分样量[a]		最小的实验室样品量	
kg	L	kg	L	kg	L
8	8	2	2	0.5	0.5
[a]最小量应可供取 4 个实验室样品。					

如果产品贮存于罐中，则可能不均匀。采样前需要搅动混合，用适当的器具从表面至内部采样。如果采样前不可能搅动，则在产品装罐或卸罐过程中采样。如果在产品流动过程中不能采样，则整个批次产品都取份样，以保证获得有代表性的实验室样品。在产品特性不变的前提下，有时加热会提高样品的一致性。如果产品是桶装产品，采样前需对随机选取产品进行振动、搅动等，使其混合，混合后再采样。

如果采样前不能进行混合，则每个桶至少在不同的方向、两个层面取 2 个份样。对小容器装产品，可随机选择容器，混合后进行采样；如果容器很小，则每一个容器内的产品可作为一个份样。将所有份样放入适当的容器内即获得总份样，充分混合后取其中部分形成缩分样，每个缩分样不应小于 2 kg 或 2 L。

对半液体（半固体）产品（如脂肪、脂类产品、加氢油脂、皂角等），如有可能，产品应在液态下进行采样。

（二）样品制备、保存及运输质量控制

1. 样品容器的包装

每个装实验室样品的容器应当由取样人员封口和盖章，不破坏封口，容器就不能打开。容器也可装入结实的信封或亚麻布、棉或塑料袋中，并进一步封口和盖章，不破坏封口，内容物就不能取出。标签应附在内含实验室样品的容器上并封口，不破坏封口标签就不能去掉。标签应有下文。

2. 标识

"实验室样品的标识"中所要求的标识项目，封口未打开前，标识项目应是可见的。

标签应标识以下项目：

（1）采样人和采样单位名称；

（2）采样人和采样单位的身份标志；

（3）采样的地点、日期和时间；

（4）样品材料的标示（名称、等级、规格）；

（5）样品材料的明示成分；

（6）样品材料的商品代码、批号、追踪代码或被抽检样品交付物的确认。

3. 样品的发送

每批产品，至少有一个实验室样品，与测定所需信息一起被尽快地送至认可的分析实验室，应在适当冷藏或冷冻条件下发送随时间而变化的样品。

4. 采样报告

采样后，应由采样人尽快完成报告。在报告后，应尽量附上随包装或容器的标签的复印件或交付物单子的复印件。

采样报告至少应包含以下信息：

（1）实验室样品标签所要求的信息；

（2）被采样人的姓名和地址；

（3）制造商、进口商、分装商和（或）销售商的名称；

（4）货物的多少（重量和体积）。

可能的情况下，还应包括以下内容：

（1）采样目的；

（2）交付给认可实验室分析的实验室样品数量；

（3）采样过程中可能出现的任何偏差的详情；

（4）其他的相关事宜。

八、微生物检验样品

（一）样品采集过程质量控制

微生物检验的样品应按 GB 4789.1《食品安全国家标准　食品微生物学检验　总则》要求以及不同产品的 GB 4789 系列标准取样，取样遵循随机抽样原则，抽取的样品应对一批产品具有代表性，且在运输和保存期间不被损坏或更换。合同对食品取样数量有明确规定的，按合同规定取样或者按有关法规、标准要求确定取样。从取样至开始检测的全过程中，应采取必要的措施防止食品中固有微生物的数量和生长能力发生变化。取样应遵循无菌操作程序，防止一切可能的外来污染。每取完一份样品，应更换新的取样用具或将用过的取样用具迅速消毒后，再取另一份样品，以免交叉污染。

1. 采样方案

GB 4789.1 中规定二级和三级采样方案。二级采样方案设有 n、c 和 m 值，三级采样方案设有 n、c、m 和 M 值。

n：同一批次产品应采集的样品件数；

c：最大可允许超出 m 值的样品数；

m：微生物指标可接受水平的限量值；

M：微生物指标的最高安全限量值。

按照二级采样方案设定的指标，在 n 个样品中，允许有小于或等于 c 个样品其相应微生物指标检验值大于 m 值。

按照三级采样方案设定的指标，在 n 个样品中，允许全部样品中相应微生物指标检验值小于或等于 m 值；允许有小于或等于 c 个样品其相应微生物指标检验值在 m 值和 M 值之间；不允许有样品相应微生物指标检验值大于 M 值。

例如：$n=5$，$c=2$，$m=100$ CFU/g，$M=1000$ CFU/g。含义是从一批产品中采集 5 个样品，若 5 个样品的检验结果均小于或等于 m 值（≤100 CFU/g），则这种情况是允许的；若小于或等于 2 个样品的结果（X）位于 m 值和 M 值之间（100 CFU/g <X≤1000 CFU/g），则这种情况也是允许的；若有 3 个及以上样品的检验结果位于 m 值和 M 值之间，则这种情况是不允许的；若有任一样品的检验结果大于 M 值（>1000 CFU/g），则这种情况也是不允许的（GB 4789. 1）。

2. 取样方法

（1）桶装或大容器包装的液体食品

在取样前摇动或用灭菌棒搅拌液体，尽量使其达到均质。取样时应先将取样用具浸入液体内略加漂洗，然后再取所需量的样品。容器装样量不得超过其总容量的四分之三，以防止样品泄漏，便于检测前将样品摇匀。

（2）桶装或大容器包装的固体和半固体食品

每份样品应用灭菌取样器由几个不同部位采取，一起放入一个灭菌容器内，使之有充分的代表性。

（3）生产过程中样品取样

取样应划分检验批次，注意同批产品质量的均一性。如用固定的贮液桶或流水作业线上的取样笼头取样时，应先消毒笼头。当用自动取样器取不需要冷却的粉状或固体食品时，应履行相应的管理办法，保证样品的代表性不被人为破坏。

（4）肉类样品取样

屠宰场宰后的禽肉，可于开腔后，用无菌刀采取两腿内侧肌肉各 150 g（或劈半后采取两侧背最长肌各 150 g）。如果是冷藏或售卖的生肉，可用无菌刀取腿肉或其他部位的肌肉 250 g，检样采取后，放入灭菌容器内，立即送检。如条件不许可时，最好不超过 3 h，送检样时应注意冷藏，不得加入任何防腐剂。检样送检后，检验室应立即检验或放置冰箱暂存。

禽类（包括家禽和野禽）取样，鲜、冻家禽采取整只，放灭菌容器内。带毛野禽可放清洁容器内，立即送检。

（5）水产品。

1）鱼类应采取样品的背肌部位。先用流水将鱼体体表冲净，去鳞，再用 75%酒精棉球擦净鱼背，待干后用灭菌刀在鱼背部沿着脊椎切开 5 cm，再切开两端使两块背肌分别向两侧翻开，然后用无菌剪子剪取肉 25 g，放入灭菌乳钵内，用灭菌剪子剪碎，加灭菌海沙或玻璃砂研磨（有条件情况下可用均质器），

检样磨碎后加入 225 mL 灭菌生理盐水，混匀成稀释液。

2）虾类采取样部位为腹节内的肌肉。将虾体在流水下冲净，摘取头胸节，用灭剪子剪除腹节与头胸节连接处的肌肉，然后挤出腹节内的肌肉，称取 25 g 放入灭菌乳钵内，以下操作同鱼类检样处理（GB/T 4789. 20《食品卫生微生物学检验　水产品检验》）。

3）蟹类采取样部位为胸部肌肉。将蟹体在流水下冲净，剥去壳盖和腹脐，再去除鳃条，复置流水下冲净。再用 75%酒精棉球擦拭前后外壁，至灭菌搪瓷盘上待干。然后用灭菌剪子剪开成左右两片，再用双手将一片蟹体的胸部肌肉挤出（用手指从足跟一端向剪开的一端挤压），称取 25 g，置灭菌乳钵内，以下操作同鱼类检样处理。

4）贝壳类取样时，缝中徐徐切入，撬开壳盖，再用灭菌镊子取出整个内容物，称取 25 g 置灭菌乳钵内，以下操作同鱼类检样处理。

（6）蛋及蛋制品

鲜蛋用流水冲洗外壳，再用 75%的酒精棉涂擦消毒后放入灭菌袋内，加封做好标记后送检。

（二）样品保存及运输过程质量控制

1. 样品包装密封及记录

为了保证样品的完整性，装有样品包装物应进行封口，以证实其可靠性，即以取样地点至实验室，这段时间不发生变化，可采用自粘胶，然后盖上专用的印章。取样过程中应对样品进行及时、准确的标记，取样结束应由取样人写出完整的取样报告，样品应尽可能在原有状态下迅速运送或发送实验，保存的样品应进行必要清晰标记，内容包括样品名称、样品描述、样品批号、取样时间、取样温度、确保字迹不会擦掉或脱色。

2. 样品运输、接收、保存

取样结束后应尽快将样品送往实验室，要保证运送过程中样品的微生物数量不发生变化。样品应以防止破损和溢漏的方式包装。运送冷冻和易腐食品应在包装容器内加适量密封的冷却剂或冷冻剂。样品如不能及时运送，冷冻样品应存放在-15 ℃ 以下冰箱或冷藏库内；冷却和易腐样品存放在 0~4 ℃冰箱或冷藏库内；其他样品可放在常温冷暗处。

当样品送达实验室后，应立即对照协议书核查样品并记录，内容包括：样品件数，包装是否完整，样品容器上的标记是否清晰可认，测量样品温度并核对是否和取样时的食品温度一致，干燥样品有无受潮和细菌增殖征象，冷冻样品是否融化，易腐样品有无腐败征象，接收日期和时间，取样细节（取样日期和时间、样品状态等），客户名称和地址等信息。

如果样品状态不佳或样品量不足，实验室应拒绝接收样品。在特殊情况下，与客户协商并达成共识后，样品可用于检测，但检测报告要标明样品的有效性信息。样品的标签或标号以及记录在实验室的所有场合应可追溯，保证样品从进入实验室的流程直到检测报告拟定都可被监控。

接收易腐样品时，要记录运输的温度或记录能反应样品状态的温度。样品接收后要尽可能在 24 h 内检测。对于高度易腐样品（如：贝类），检测要在取样后 24 h 之内开始，易腐样品（如：鱼、鲜奶）则不超过 36 h。如果能够证明目标微生物的恢复不受样品基质影响，样品可在−15 ℃以下冷冻。

微生物检测样品到达实验室后应立即检验或冰箱保存，因为保存时间过长会造成样品中嗜冷细菌的生长和嗜温菌的死亡。水产品含水量较多，体内酶的活力比较旺盛，易于变质，因此采好的样品应在最短时间内送检，送检过程中应加冰保养；贝类样品通常要在 6 h 检测；肉类样品采取后，立即放入无菌容器内，立即送检；如条件不许可时，最好不要超过 3 h，送样时，需冷藏，不得加入任何防腐剂。

第三章 检测中质量控制

第一节 重金属

一、前处理过程质量控制

常见的样品前处理方法有干灰化法、湿式消解法、压力罐消解法和微波消解法。

（一）干灰化法

干灰化法又称干式消解，主要是指将样品加热炭化，使有机物灰化后进行测定的方法，适用于粉末状样品，称量方便，酸用量少，处理过程不用实验人员看管。干灰化的温度要低于待测元素的沸点，以保证检测重金属元素的结果可靠性。干灰化法常用的仪器设备为箱式电阻炉或高温电炉，又叫马弗炉，常用的坩埚材质有瓷、石英、聚四氟乙烯等，使用坩埚的原则是不与样品发生反应，并在处理温度下稳定。

在食品检测方法的国家标准中，干灰化法不适用于铅、汞的测定。

1. 高温干灰化法

称取 0.3~0.5 g 干试样（精确至 0.0001 g）、鲜（湿）试样 3~5 g（精确到 0.001 g）、液态试样 3~5 g（精确到 0.001 g）于瓷坩埚中，先小火在可调式电炉上炭化至无烟，移入马弗炉 500 ℃灰化 6~8 h，冷却。若个别试样灰化不彻底，加 1 mL 硝酸-高氯酸溶液（9+1）在可调式电炉上小火加热，将混合酸蒸干后，再转入马弗炉中 500 ℃继续灰化 1~2 h，直至试样消化完全，呈灰白色或浅灰色。放冷，用硝酸溶液（1%）将灰分溶解，将试样消化液移入 10 mL 或 25 mL 容量瓶中，用少量硝酸溶液（1%）洗涤瓷坩埚 3 次，洗液合并于容量瓶中并用硝酸溶液（1%）定容至刻度，混匀备用；同时做试剂空白试验。

注意事项：马弗炉必须放置在稳固的水泥台上，炉底座最好垫上石棉板，防止台面受热温度过高，且马弗炉的外壳必须采取保护接地措施。在初次使用或者长期停用再次使用马弗炉时，必须先进行烘炉干燥。方法是先在 200 ℃下工作 4 h，再在 600 ℃下工作 4 h，将炉门稍微打开，以排走炉内潮气，经过上述烘炉处理后，方可使用。为保护电热元件和炉膛的使用寿命，严禁在超过马弗炉额定温度的情况下使用，长期工作的温度应至少比额定温度低 50 ℃，炉门应轻开轻关，取放物品时应先切断电源后轻拿轻放，避免损坏炉口和炉膛。

灰化温度要准确控制，防止温度偏高引起元素损失。灰化完成后样品要溶解，溶解的目的是使被测组分完全进入溶液，因此有时需要通过加热、搅拌来完成溶解，尤其是测定铁含量较高的样品时，在高温下生成的铁的氧化物即使在酸性条件下也是很难溶解完全的。灰化时可能形成难溶的复杂硅酸盐，尤其是富含硅、铁的样品，即使用盐酸长时间消煮也不溶解。低温碳化（防暴燃）和高温灰化时均应加盖，防止“飞溅”损失。加酸溶液溶解时应沿坩埚壁加入，防止灰分“飞溅”。

2. 低温灰化法

以低温微波的方法进行灰化，温度可达 150～200 ℃或者更高些。对于汞、砷、锌、锡等生成低沸点化合物的元素不适用，目前也有人认为该法不适用于铬的分析。

（二）湿式消解法

湿式消解法是在样品中加入适当的氧化性强酸，在高温下进行消解，使有机物氧化，在实际处理过程中，一般将几种强酸物质按比例混合使用，常用的消解体系有：（1）硫酸-硝酸体系，最常见的酸消解体系；（2）盐酸-硝酸体系，适用于生成不溶性硫酸盐类的物质，如 Pb 的消解；（3）双氧水-硝酸体系，用于需要氧化分解的试样；（4）高氯酸体系，如硝酸-高氯酸、硝酸-氢氟酸-高氯酸、盐酸-硝酸-高氯酸等，这种消解体系用于必须以强氧化剂分解的试样，需要注意的是高氯酸在加热干涸时与残存的有机物反应可发生爆炸，所以严禁将样品烧干，常用于消解含有有机金属的试样。

湿式消解法适用各类植物样品，便于处理大批量样品，过程中可以看见、好控制，设备便宜简单。一般使用电热板或石墨消解炉。敞开式消解，易受到污染，消解速度较慢，试剂消耗较大。要用到高氯酸、硝酸、氢氟酸、盐酸等强酸，存在一定危险。国家标准中除砷、汞外，其他金属元素均可使用湿式消解法。

称取干试样 0.3~0.5 g、鲜试样 1~2 g 于 100 mL 锥形瓶，放数粒玻璃珠，加入 10 mL 硝酸-高氯酸（9+1），加盖浸泡过夜，加一小漏斗于电炉上消解（参考条件：120 ℃/0.5 ~1 h、升至 180 ℃/2~4 h、升至 200~210 ℃），若变棕黑色，再加混合酸，直至冒白烟，消化液呈无色透明或略带黄色，放冷，将试样消化液洗入或过滤入 10~25 mL 容量瓶中，用水少量多次洗涤锥形瓶，洗液合并于容量瓶中并定容至刻度，混匀。同时做试剂空白试验。

注意事项：

（1）硝酸-高氯酸法：要注意观察，防止严重炭化，发生爆炸危险。如溶液颜色变深，应取下稍冷，及时补加硝酸。消解终点时，尽可能让高氯酸冒尽，以减少基体干扰。

（2）开始时采用中温加热，防止暴沸、溅失损失。温度控制：As、Hg < 180 ℃；Pb、Cd、Cr < 210 ℃。

（3）含油脂成分较高的食品，如植物油，炭化时非常容易暴沸。酒类样品，建议先低温挥干部分液体再炭化，以防液体飞溅。水分含量高的样品（如蔬菜水果），可将称量后的样品容器放入鼓风烘箱中于 65 ~80 ℃烘干，或在电热板、消解炉上用低温烘干后再加入酸，防止发泡溢出。含糖、蛋白质、淀粉较多的样品炭化时会迅速发泡溢出，可加几滴辛醇再进行炭化，以防止炭粒被包裹，灰化不完全。含磷较多的谷物及制品，在灰化过程中的磷酸盐会包裹沉淀，可加几滴硝酸或双氧水，加速炭粒氧化，蒸干后再继续灰化。

（三）压力罐消解法

压力罐消解法是利用外部加热，在密闭的消解罐内产生高温高压使试剂的沸点升高，因而消解温较高，可使一些难溶解物质易于溶解。密闭容器消解样品时，挥发性元素化合物（如砷、汞、硒等）将保留在容器内，能防止挥发性元素的损失，因而这些元素将保存在溶液中。另外，所用的试剂较少，节省了成本，也减少了有毒气体的排放和污染的可能性。

称取试样 0.3~1 g（精确至 0.001 g）或准确移取液体试样 2~10 mL 于消解内罐中，加入 5 mL 硝酸。盖好内盖，旋紧不锈钢外套，放入恒温干燥箱，于 140~160 ℃下保持 4~5 h。在箱内自然冷却至室温，缓慢旋松外罐，取出消解内罐，放在可调式电热板上于 140~160 ℃赶酸至 1.0 mL 左右。冷却后将消化液转移至 10 mL 容量瓶中，用少量水洗涤内罐和内盖 2~3 次，合并洗涤液于容量瓶中并用水定容至刻度，混匀备用。同时做试剂空白试验。

注意事项：常见的密封容器是由 PTEF 杯和盖，以及与之紧密配合的不锈钢外套组成，外套有螺旋顶或螺旋盖，当拧紧后使 PTEF 杯和盖紧密闭合，形成高压气密封。使用这种消解罐，样品及酸反应物蒸发产生的压力较大，样品和试剂的容量不能超过罐体容量的 10%~20%，过多的溶液产生的压力会超过容器的安全额定压力，分解温度必须严格控制，分解完成后，必须将消解罐彻底冷却后才能打开，打开时应放在合适的通风橱内小心操作。

（四）微波消解法

微波消解法是指用酸溶解样品，微波穿透被加热液体，利用极性分子在微波场内的变换产生能量，是一种内部加热方式。试样在消解过程中的损失和交叉污染的可能性大大降低，采用微波消解可以避免易挥发元素的损失，如：As、Hg、Se 等。而且，使用微波消解可降低能耗和试剂用量，易于实现自动化。

称取试样 0.1~0.5 g（精确至 0.001 g），对于蔬菜等含水量多的样品，称取试样 0.5~1.0 g（精确至 0.001 g），加入 5 mL 硝酸（也可加入 1 mL 过氧化氢），盖好安全阀，将消解罐放入微波消解系统中，根据不同种类的试样设置微波炉消解系统的最佳分析条件，至消解完全。冷却后取出消解罐，在电热板上于 140~160 ℃赶酸至 1 mL 左右。消解罐放冷后，将消化液转移至 10 mL 容量瓶中，用少量水洗涤消解罐 2~3 次，合并洗涤液，用水定容至刻度，混匀备用。同时做试剂空白试验。

如果测定总汞元素，冷却后取出，缓慢打开罐盖排气，用少量水冲洗内盖，将消解罐放在控温电热板上或超声水浴箱中，于 120 ℃ 加热或超声脱气 2~ 5 min，赶去棕色气体，取出消解内罐，将消化液转移至 25 mL 塑料容量瓶中，用少量水分 3 次洗涤内罐，洗液合并于容量瓶中并定容至刻度，混匀备用；同时作试剂空白试验。

注意事项：为了避免因反应过于剧烈而使压力骤升导致消解罐的爆裂，微波消解样品时，可采用预消解，即在不施加微波的条件下使其预先反应一段时间，一般在敞开体系中进行，以释放反应中产生的气体，或采用阶梯式升高加热功率的方法。

用于消解的试样不能太多，一般不能超过 1 g，且必须浸没在溶剂之中，不能呈长条状伸出溶剂，否则会由于天线效应产生火花而损坏消解罐。

二、检测仪器设备质量控制

仪器设备是实验室中为分析结果提供原始测量数据的设备，为了保证分析

结果的可靠，需要对分析仪器进行正确的维护，以保证仪器的优良性能，同时要正确操作，以保证结果的准确可靠。

（一）天平

天平是农产品质量安全检测实验室必备的质量计量仪器，检测分析工作人员必须熟悉天平的正确使用与维护，称量的准确度对分析结果的正确性有极大影响。

天平室要干燥、通风、光线明亮柔和，无直射阳光。天平室附近不得有震动源，天平附近不得有热源。天平室内应避免明显气流、有害气体和灰尘进入，并应保持室温相对稳定。若室内有分度值为 0.001 mg 级的天平，则室温应在（20±1）℃，相对湿度应为（65±5）%。天平台要求平、稳，可砌筑减震台。

天平的外形应光洁整齐，无粗糙裂纹和明显的瑕点。天平水平脚应保证天平放置平稳，螺丝和螺母的松紧配合适度，旋动自如，便于调整水平。天平外罩严密，前门和两侧边门启闭轻便灵活。制动器运作平稳，不使任何部件产生震动。

天平经检定后，各项指标均能满足要求即可继续使用，对于确认不符合原精度级别指标要求的天平，则应给出其分度值（空载和全载）、示值变动性。当确认被检天平不能满足使用要求时，应进行检修，并力求修复到原有水平，无法修复的天平可作精度较低的衡量使用，可按示值变动性误差与最大载荷之比值降级使用。

检查天平的水平状态，用底脚螺丝调节天平水平。打开天平罩两个侧门 5~10 min，使天平的温湿度与外部平衡，避免由此引起的示值变动。调节天平零点，并多次启闭天平，使各零件的落位正常，以减少天平的变动。

称量腐蚀性、吸湿性或挥发性强的药品，必须放在能密闭的容器内进行，任何药品或样品均不得在天平盘上直接称量。

标准品的称量不得在称量纸上称量。

天平内需保持干燥，适时更换干燥剂。严禁使用有腐蚀性的干燥剂。天平应有专人负责日常的维护与保养。应设立天平的管理档案，详细记录检定、维修和保养以及使用情况。

（二）原子吸收分光光度计

原子吸收分光光度计是依据自由基态原子对特征辐射光的共振吸收，通过测量辐射光的减弱程度，而求出样品中被测元素的含量的仪器。由于原子吸收分光光度计的灵敏度高，分析速度快，仪器组成简单，操作方便，特别适用于农产品和食品中铅、镉、铬、镍等重金属微量分析和痕量分析。

装载空心阴极灯时，切勿用手触摸灯顶部的石英窗，使用完毕，及时放入灯盒内保存，防止沾污。空心阴极灯长期不用时，每隔 2~3 个月应定期点燃处理，即在工作电流下点燃 1 h。点燃后的空心阴极灯可以从阴极光的颜色大致判断是否正常。充氖灯的负辉光为橙红色，充氩灯为淡紫色，灯长期不用又未定期点燃处理时，负辉光颜色变淡，呈粉红色或泛淡蓝白色。另外，应避免长期使用高电压，并注意避免“疲劳”现象的发生。

根据被测元素及所用波长的不同而选择不同的火焰状态，测定铜、锌等易原子化的元素时，使用贫燃性火焰，即空气乙炔比稍大，火焰呈蓝紫色；测定铬、钙等已形成耐热氧化物元素时，适用富燃性火焰，即空气乙炔比稍小，火焰呈黄色；多数元素使用中性，即化学计量型火焰。燃烧器使用一段时间后，如发现火焰呈锯齿状，表明缝隙处有盐类沉积，可以用滤纸或薄金属片插入缝隙中擦去污染物。

雾化器中撞击球位置对雾化效率影响较大。若发现雾化状态变差，可适当调整其位置，使形成的雾多而均匀。废液管推荐使用水封装置，保持雾化室负压稳定，减少测定误差。另外，为保证实验室仪器设备及检测人员安全，对使用的乙炔气瓶放置在单独的通风良好的房间，同时远离火源。乙炔气瓶应定期进行质量检查，乙炔气瓶中的气体是溶解在丙酮中的，随着钢瓶内压力降低，进入火焰中的丙酮浓度会增加。当使用富燃性或测定波长位于紫外区的元素时，会因混入丙酮引起测定误差。所以，当乙炔气瓶压力小于 0.5 MPa 时，应及时更换。

背景吸收是指原子吸收测定中所存在多种作用的综合效应。背景吸收导致测定结果偏高，即使采用标准加入法也不能消除这一干扰。对于是否需要进行背景校正，则可以根据下列原则进行判断并作出决定：（1）基体成分复杂的试样宜采用背景校正；（2）背景吸收通常产生在紫外区，当使用 200~280 nm 谱线测定时，就要注意背景吸收效应。

如果使用石墨炉原子吸收光谱仪时，由于石墨炉进样体积小、灵敏度高，因此，实验室环境的洁净状况、进样和分析器皿的使用以及测定步骤等各种因素都会引起测定误差，此外，试样溶液是在加热的石墨管中干燥、灰化、蒸发，消除有机化合物及低沸点无机化合物后才使待测重金属元素原子化，所以还受石墨管的物理化学性质的影响。

一般来说，重复测定的精密度下降常常与试样受到实验室环境污染有关，因此，必须始终保持实验室和周围环境的清洁。清扫仪器最好使用吸尘器，地板只能用潮湿（半干）拖把擦拭。直接吹入实验室的气流会破坏仪器附近尤其是光源处的热平衡，从而导致原子化器周围的尘埃污染试样，此外，直接气流和行人能搅起仪器附近的灰尘也会引起测定误差，因此，必须使仪器避开直接气流，使实验室与通道及试样前处理室分开。

分析使用的器皿不清洁会给测定带来较大误差，新买的玻璃器皿需用热的硝酸溶液（1+1）或盐酸溶液（1+1）浸泡。石墨炉进样器的管嘴含有痕量镉、铅、锌等，此外，钠、钾、钙、镁等也会粘附在套管表面，因此，应将这些套管放入硝酸溶液（1+1）中浸泡数日，分析前用二级水洗涤干净。

石墨炉原子吸收分析用水一般为二级水，分析痕量元素时建议使用一级水，所用试剂也含有杂质，刚开瓶的新试剂与使用较长时间的旧试剂所含杂质不同，因此，提倡使用新试剂，多个实验室公用的试剂更应注意。虽然完全去掉试剂中的杂质是不可能的，但应保证杂质含量不能对检测结果产生影响。由于国产的酸试剂质量存在一定问题，建议在分析痕量元素时，对所使用的酸进行纯化。

每只石墨管的电阻都不相同，其实际温度与设定温度之间也存在着差异，这种差异对较高温度的灰化和原子化阶段虽无严重影响，但对低温的干燥阶段的影响却是很值得注意的。另外，更换石墨管或石墨锥后，均应空烧石墨管，达到允许空白值后再开始测定样品。

（三）电感耦合等离子体原子发射光谱仪

电感耦合等离子体原子发射光谱仪（ICP－AES）是利用等离子体形成的原理，根据特征谱线的存在与否，鉴别样品中是否含有某种元素，并根据特征谱线强度确定样品中相应元素的含量的仪器。其发射光谱可以用于测定除氩以外所有已知光谱的元素。

电感耦合等离子体原子发射光谱仪一般采用溶液进样，转换为溶液样品的方法常采用酸溶解法，等离子体光谱用试样处理的原则是：尽量不引入盐类或其他成盐试剂，以免增加溶液中固体物的量，含盐量高会造成进样雾化器的堵塞及雾化效率的改变，引入较大的误差。一般采用硝酸或盐酸等处理样品，尽量不采用硫酸或高氯酸等黏度较大的酸溶解样品。处理后试样中残余酸不宜过高，一般为5%~10%，样品溶液的酸度和标准溶液的酸度应一致。

测试样品之前，需要对蠕动泵泵夹进行优化，流程是安装泵夹，使其就位，通过工作软件，设置雾化气压力为 206.8 kPa，把样品进样管放入到蒸馏水中，观察蒸馏水流动情况，调节泵夹的压力扳手，使蒸馏水完全停止流动，再紧一下，这时压力最佳。调节废液管泵夹，使其压力稍大于或等于样品进样管压力即可。

雾化气压力决定通过雾化器的速度，直接影响样品引入速度和雾化的均匀性，通过调节雾化气压力，使其待测元素的灵敏度和精确度达到最高。另外，高频功率不宜过高，一般在 0.9~1.4 kV 之间选择；在确保雾化进样系统稳定工作的条件下，低的中心气流量有利于增强谱线发射强度；优先选用元素的离子谱线作为分析线，多数离子不仅发射强度较大，而且其最佳观测高度受分析条件变化影响较小。

在入射光强度不变的情况下，光电倍增管供电电压的变化会影响光电流的强度。因此，必须采用稳压电源供电，工作电压的波动不允许超过 0.05%。当电压升高到一定值后，光电倍增管即产生自发放电。这种自发放电会使光电元件受到损坏。因此，工作时不能超过光电倍增管允许的最高电压。此外，工作环境的温度变化也会影响光电流的强度。因此，光电倍增管必须在温度波动不大的环境中工作，特别不能在高温的环境中工作。

入射光强度较大或照射时间较长，会引起光电流的衰减。这种现象称为疲劳现象。疲劳后，在黑暗中经过一段时间可以恢复灵敏度的，称为可逆疲劳；疲劳后，无法恢复灵敏度的，称为不可逆疲劳或老化。在正常情况下，老化过程是进行得很慢的。如果入射光较强，产生超过 1 mA 的光电流，光电倍增管就可能因老化而损坏。

等离子体发射很强的紫外光，易伤害眼睛，切勿直接观察等离子体发光，应通过有色玻璃防护观察。工作完毕后，先熄灭等离子，再关闭冷却气流，并用去离子水清洗进样系统约 5 min，以免试样沉积在雾化器口和石英矩管口。矩管在清洗时绝对不能使用超声，可用王水浸泡过夜。

（四）原子荧光光谱仪

原子荧光光谱仪是通过测量待测元素的原子蒸气在特定频率辐射能激发下所产生的荧光发射强度，以此来测定待测元素含量的仪器。原子荧光光谱仪可用于分析汞、砷、锑、铋、硒、碲、铅、锡、锗、镉、锌等 11 种元素。原子荧光光谱仪具有发射谱线简单，灵敏度高于原子吸收光谱法，线性范围较宽，干扰较少的特点，能够进行多元素同时测定。对于这类元素，其有机化合物非常

稳定，需要在强氧化性条件下微波消解或者低温干灰化，氧化分解获得离子形态的重金属。另外，在转化为氢化物的时候，需要对五价砷转化三价砷，进而为快速形成氢化物提供必要的条件。

常用的氢化物的发生方法为硼氢化钠-酸（或碱）还原体系，其特点是含有分析元素的酸性溶液于含有氢氧化钠的硼氢化钠溶液反应而生成相应的氢化物。从氢化物发生技术来说，主要应用的技术为连续流动法，是将样品溶液和硼氢化钠由蠕动泵以一定速度在与四氟乙烯的管道中流动并在混合器中混合。需要注意的是，在试运转时应特别注意反应后的废液能否顺畅地排出，这是非常重要的问题。为安全起见可先将气液分离器通至原子化器的管道拔去，以免在排液不畅时溶液进入炉内而使其炸裂。

原子荧光光谱仪的原子化器具有下列特点：（1）具有高的原子化效率，并且在光路中原子有较长的寿命；（2）没有物理或化学干扰；（3）在测量波长处没有或具有较低的背景发射；（4）稳定性好；（5）为获得最大的荧光量子效率，不应含有高浓度的猝灭剂。虽然原子荧光光谱仪中采用的原子化器有火焰、电热及固体样品原子化器。石英炉是靠缠绕的电炉丝升温的，石英炉的温度至少应维持在能够将氩氢焰点燃，可在氢化物发生时用肉眼观察石英炉炉口是否有小火焰。如果火焰虽然能点燃，但飘浮在炉口上方，则表明炉温过高。过高的温度不仅会使灵敏度降低，而且会增加噪声。另外需要注意的是在分析复杂样品，尤其是存在气相干扰时，较高的温度有利于克服气相干扰。鉴于此，实际测定时，应根据分析任务的需要来选择折中的原子化温度。但最近几年，利用氢化物法的原子化器已逐步应用于原子荧光光谱仪中。它是一个电加热的石英管，当硼氢化钾与酸性溶液反应生成氢气并被氩气带入石英炉时，氢气将被点燃并形成氩氢焰。这种原子化器不需要氢气瓶，经济实用，氩气流量可降低至 1.0~1.5 $L \cdot min^{-1}$范围内。一般情况下，测定灵敏度随观测高度的增加而减少，而 As 的减小最明显。观测高度太低时炉子的散射光将造成很高的背景读数，这会增加噪声。但过高的观测高度也会导致灵敏度及精度的下降。综上所述，建议一般的观测高度为 6~8 mm。载气的作用在于将生成的氢化物带入石英炉，研究表明载气的流量及成分对荧光强度均产生很大影响。过高的载气量会冲稀原子的浓度，过低的流速则难以迅速将氢化物带入石英炉。用纯 Ar 作载气，流量一般为 400~600 $mL \cdot min^{-1}$。当载气如 Ar 中含有 1% O_2时，As、Bi、Hg、Se 和 Te 的测定灵敏度降低，而 Sb 的测定灵敏度几乎增加 50%，信号更平滑，且记忆效应明显减小。现在的石英炉原子化器一般均具有外屏蔽气，它可以防止周围的空气进入火焰产生荧光猝灭，以保证较高及稳定的荧光效率。屏蔽气的流量对荧光强度的影响不是很显著，一般可采用 1000~1200 mL · min^{-1}。

为了克服氢化物发生中的液相干扰，可以向样品溶液中加入络合剂使干扰离子形成稳定的络合物。络合剂与干扰元素形成稳定的络合物，降低了氧化-还原电位，使其与硼氢化钾的还原反应得以抑制或降低其还原的程度，从而有效地消除干扰。利用络合剂消除共存元素的干扰时，应注意以下问题：（1）绝大多数络合剂似乎只有在样品与硼氢化钾溶液混合以后，其最终溶液为碱性或中性时才能起作用。对酸度较高的样品溶液，络合剂掩蔽干扰元素的效果较差。而且当干扰元素存在的量较大时，络合剂不能将其完全掩蔽：（2）有些络合剂对某些分析元素也有络合作用，将严重地抑制这些分析元素的氢化物信号。

玻璃仪器对汞有吸附作用，工作中要特别注意容器的汞污染和汞被吸附损失，建议使用塑料器皿。还原剂硼氢化钾溶液中要加入一定浓度的氢氧化钾溶液，以保证其稳定性。配制时，应先把氢氧化钾溶于水中，再将硼氢化钾加入碱溶液中。还原剂应现用现配，保存于冰箱中可使用一周。

（五）电感耦合等离子体质谱仪

电感耦合等离子体质谱仪又称为 ICP－MS，ICP－MS 利用独有的接口技术使 ICP 高温电离特征同四极杆质谱的灵敏快速扫描的特点相互结合，创造出了一种新的分析元素的方法。ICP－MS 的各项检测指标均优于传统的石墨炉原子吸收光度计、电感耦合等离子体光谱仪等分析仪器，同时还可以与其他技术进行联用。ICP－MS 检测法与传统检测方法进行比较，有检出限低、动态线性范围高、干扰因素少、速度快、准度高、可同时进行多种元素检测等特点。ICP－MS 检测法是分析痕量元素方法中较为先进的一种，但由于该检测方法成本较高且容易受到污染，会受到其重同位素的和其他元素离子的干扰。要防止发生干扰，只有当分辨能力至少在 7000~8000 时才是有效的。另外，仪器的漂移、基质的影响和由分子组成的离子干扰（$m/z<80$），必须用多个内标物来校正。在测量前，必须完全分解样品中的有机物质。

ICP－MS 分析要求样品以气体、蒸气或气溶胶的形式进入等离子体。目前多以气动雾化法产生气溶胶的液体样品引入系统为主，另外还有超声雾化产生气溶胶的方式。对于 ICP－MS 而言，最基本的气动雾化器有 3 种类型：即同心型、交叉型和 Babington 型。而其中又以同心型雾化器应用最广。典型的同心型雾化器气流流速在 0.75~1.0 L · min^{-1}之间，通常由蠕动泵带动样品管的转动来

提供一恒定的提升力。由雾化器形成的气溶胶进入雾化室后，撞击到雾化室中的玻璃球上，只有少量直径小于 10 μm 的气溶胶样品通过一个连接管进入到后面的矩管通道中，进而在等离子体区域进行离子化，多数颗粒较大的气溶胶则通过废液管排出。通常在雾室外面加有半导体制冷装置，它可以在 1 min 内使雾化室里的温度由室温恒定至 3 ℃，从而可减少进入等离子体区域的水量，因而可大大减少氧化物和多原子离子干扰。

ICP－MS 中所用的矩管与 ICP－AES 发射光谱中所用的基本相同，常用的矩管为 Fassel 矩管，又称同心型矩管，一般以石英玻璃材料制成。内径为 18 mm 的外套管，长约 100 mm，在该管内有两个内径分别为 13 mm 和 1.5 mm 的同心管，这两个同心管的长度比外管短。氩气以垂直于矩管的方向进入每个环形区形成旋涡气体，样品气溶胶则通过管以轴向方式进入等离子体。外管气流叫冷却气流，其作用是保护矩管壁，是等离子体的主要气体，流量在 10~15 $L \cdot min^{-1}$ 之间。引入内环空间的气流叫辅助气，其作用主要用于保证使高温等离子体与中心管的顶端分离，使其不被等离子体的高温所熔化，其流量一般在 0~1.5 $L \cdot min^{-1}$之间。中心气流通常叫雾化气或载气，其作用是从进样系统把样品气溶胶送入等离子体中，流量通常在 1.0 $L \cdot min^{-1}$。这个流量足以在直径很小的中心管中形成高速气流，在等离子体中心打开一个通道，该通道叫中心通道或轴向通道。

从等离子体中提取离子将其送入真空系统是 ICP－MS 的关键过程，其核心部件为等离子体与质谱相连接的接口。解决的办法是将一个采样孔径为 0.75~1 mm 的采样锥靠近等离子矩管，它的锥间孔对准矩管的中心通道，锥顶与矩管口距离为 1 cm 左右。在采样锥的后面有一分离锥（也叫截取锥），外形比采样锥小，锥体比采样锥大。分离锥与采样锥一样，在尖顶部有一小孔，两锥尖之间的安装距离为 6~7 mm，并在同一轴心线上。由于被提取的含有离子的气体是以超声速进入真空室的，且到达分离锥的时间仅需几微秒。采样锥在使用一段时间后，由于表面有沉积的氧化物而引起锥面不清洁，要进行清洗。对于铜和镍制的锥，先用很细的砂纸在流水中对锥表面均匀地进行擦洗，至恢复锥体的亮色，然后放入 0.2%的稀硝酸中超声波清洗几分钟，最后用超纯水洗净后烘干待用。分离锥的顶端对 ICP－MS 的灵敏度有直接影响，使用时要小心保护。分离锥的清洗方法和采样锥相同。

对于 ICP－MS 方法，常用的校正方法为内标法，通常需要用一个元素作为参考点对另一个元素或多个元素的测定进行校正。内标元素的选择条件包括：

其化学与物理性质应尽可能接近待测元素的性质；其在等离子体中的行为能准确地反映被测元素的行为；内标元素不应受同量异位素重叠或多原子离子的干扰或对被测元素的同位素测定产生干扰；所选择的内标元素应具有较好的测试灵敏度；如果选择样品中固有的元素作为内标元素，则要考虑其在样品中浓度要适宜，使其所产生的信号强度不受仪器记数统计的限制。多元素测量中经常采用的两个内标元素是 In 和 Rh。两个元素的质量都居质量范围的中间部分（115In 和 103Rh），它们在多种样品中的浓度都很低，几乎 100%电离（电离度：In=98.5%，Rh=93.8%），都不受同量异位位素重叠干扰，都是单同位素（103Rh=100%）或具有一个丰度很高的主同位素（115In=95.7%）。其他用来作为内标的元素还有 45Sc、89Y、69Ga、72Ge、133Cs、159Tb、169Tm、185Re、193Ir、205Tl、209Bi 等。内标校正可用于：（1）监测和校正信号的短期漂移；（2）监测和校正信号的长期漂移；（3）可校正一般的样品基体影响。Hg 元素是比较不稳定的元素，在消解过程中加入 HCl，可增加其稳定度，用标准模式上机测定。内标元素选铼（Re）。Hg 具有所有元素中最强的记忆效应，一般采用含 Au 溶液进行冲洗。

ICP－MS 分析中对于液体样品的一般要求：（1）溶液中溶解的总固体量（即 TDS）小于 0.1%。（2）溶液中有机物的含量不能太高，否则会引起严重的基体效应和有机物燃烧后的碳粒沉积并堵塞锥口，导致灵敏度和稳定性下降。（3）溶液中待测元素的浓度不能太高。元素的计数（即信号值）一般小于 5000000 cps（counts per second），否则要进行稀释。（4）溶液中应保持一定的酸度，以防止金属元素水解后产生沉淀。一般以 1%～5%的硝酸溶液为介质。（5）溶液中尽量不含高沸点的硫酸和磷酸介质，以免损坏采样锥和截取锥，以及避免 S、P 带来的多原子离子干扰。（6）溶液中不含 HF，否则会损坏石英玻璃材料的雾化器和雾室以及接口，除非使用耐 HF 系统的进样装置和铂锥。（7）样品必须消解彻底，不能有混浊，最好经 0.45 μm 或 0.22 μm 的微孔滤膜过滤后或者离心后取清液进行测试。

第二节 农药残留

一、前处理过程质量控制

农残检测前处理技术是农药残留分析方法的重要部分。它主要包括提取、净化、浓缩等步骤，是将检测样品处理成适合测定的检测溶液的过程。其目的是使样品经处理后更适合农药残留分析仪器测定的要求，以提高分析的速度、效率、准确度和精密度。理想的样品前处理方法，总体上应该满足以下几个要求：

（1）处理速度快，保证样品的提取效率和回收率；

（2）方法简单、易操作，做到大部分检测实验室可以使用；

（3）适应性强、门槛低，适用于大部分常规分析仪器的检测；

（4）成本低，可以进行大量样品的制备；

（5）选择性强，提取方法要对待测物质有较高的选择性且能够去除大部分杂质；

（6）自动化程度高，尽量减少人为因素对试验结果造成的误差和干扰；

（7）环境友好，提取试剂用量小且对操作人员伤害小。

（一）提取

1. 提取溶剂的选择

（1）选择原则：提取剂一般根据待分析样品和化合物的特性来选择。一般原则是："相似相溶"原理，即选择与待测农药极性相似的溶剂；溶剂对样本有较强的渗透能力；溶剂的沸点在45~80 ℃范围之间；溶剂不能与样本发生作用；毒性低、价格便宜。

（2）常用溶剂极性顺序：农药残留分析常用的溶剂极性，由强到弱的顺序如下：水、甲醇、乙腈、乙酸、丙酮、三氯甲烷、异丙醇、乙醚、乙酸乙酯、正丁醇、二氯甲烷、苯、甲苯、环己烷、正己烷（石油醚）。

（3）总结长期农药残留检测分析实践的经验，特别需要综合考虑注意以下几点：

1）根据溶剂极性选择溶剂。近年来，由于非极性溶剂提取效率低，不能完全提取植物组织中的残留农药及其代谢物，因此，非极性溶剂通常是与极性溶剂混合使用，或者只采用极性溶剂。丙酮能够很好地溶解大多数农药，过滤和浓缩容易，使用比较方便，但由于丙酮可以大量提取植物组织中的油脂和色素，给下一步净化带来困难。如果用乙腈作为提取溶剂，则油脂等的提取出来较少。在有机磷和有机氯农药分析中，乙腈/甲醇（4/1）的混合提取溶剂具有高提取效率，得到相当广泛的应用。

2）根据农药特性选择溶剂。原则上，脂溶性农药一般采用提取油脂的非极性溶剂，如石油醚、正己烷、乙醚等。水溶性农药通常采用极性较大的溶剂进行提取，如丙酮、乙腈等，也可以采用水来提取，但是过滤困难。对于极易溶于水，且存在提取后转溶和浓缩困难的农药，需要向试样中加入等量乃至倍量的无水硫酸钠，一边进行脱水，一边用乙酸乙酯、二氯甲烷、苯等溶剂进行提取。对于含水较多的植物性试样，可采用一种与水能相混溶的极性溶剂进行提取，如丙酮、乙腈等。如果这时所要提取的农药是非极性的，可用极性溶剂和非极性溶剂的混合提取溶剂进行提取。

3）选择溶剂要考虑农药代谢物。很多农药残留分析时，不仅要测定原农药的残留量，还要考虑其代谢产物的残留量。

4）根据适用性选择溶剂。表 3－1 是根据实践经验及文献研究，综合归纳的几种常用提取剂的适用性说明。

表 3－1　几种常用提取剂的适用性

常用提取试剂	适用性
无水 $MgSO_4$	经过 140 ℃烘干后使用，通过盐析，去除有机相中的水分
丙酮	三氯杀螨醇和百菌清在丙酮中不稳定；丙酮的挥发性较高，在储存和前处理过程很容易损失
乙酸乙酯	倍硫磷和乙拌磷等含硫醚的化合物在乙酸乙酯中易降解；乙酸乙酯与水不混溶，所以不适用于提取含水量高的果蔬样品
二氯甲烷	二氯甲烷作为含氯溶剂，为了环保，很多情况下被弃用
乙腈	乙腈不易挥发，能够产生很好的相分离作用与较高的回收率；或适当调整乙腈的酸度（1%HAc），并采用乙酸盐作为缓冲液，使样品提取液处于 pH≈5 的平衡缓冲状态，从而提高并稳定其对酸碱敏感农药的回收率，且没有明显的基质效应

2. 提取方法

农药残留样品的提取方法经历了从传统的浸渍法、振荡法、匀浆法、索氏提取法、声波提取法等，到现在较先进的超临界流体萃取法（super critical fluid extraction ，SFE）、加速溶剂萃取法（accelerated solvent extraction，ASE）、基质

固相分散法（matrix solid phase dispersion，MSPD）。因此，在选择提取方法时，要注意以下两个方面：

（1）根据样品特性选择样品预处理方式：1）当为含水量较少的植物性试样时，应先加入少量水润湿乃至泡发，再用适当提取溶剂进行提取。2）当为含糖分高的试样时，要加入适量水（甚至搅拌加温等），使其糖分充分溶解，再用能与其相混合的溶剂提取。3）当为含水分高又含脂肪的试样时，可先用一种与水相混合的溶剂提取，其后再用另一种与水不相混合的溶剂进行反提取。4）当为含脂肪的动物性试样时，往往先将试样用海砂和无水硫酸钠甚至干冰共同研磨，分解试样后（有时也用丙酮使脂肪颗粒沉淀），再根据农药的极性选择提取溶剂进行提取。5）当为冷冻样品时，要具体情况具体分析，如果仅测不受加热影响的农药参数，可以对样品进行适当加热，以提高解冻效率；否则，不可对样品进行加热。主要是因为，当温度升高时，有些熔沸点低的农药容易挥发，不稳定的农药极容易分解，导致回收率低。6）在前处理的旋转蒸发步骤，水浴锅的温度应在 40 ℃以下，氮吹时低于 80 ℃，有助于提高农药的回收率。

（2）根据所检目标农药残留的特性，结合样品基质种类，选择不同的提取方式。近年来，农药残留分析的样品种类多，其化学组成复杂，为了在提取过程中尽量完全地将痕量的残留农药从样品中提取出来，尽量减少干扰性杂质，又可以省时、省力、经济、环保、系统化和规范化。因此，在进行蔬菜水果农药残留前处理方法选择时可以参考表 3－2。目前农药残留检测的提取方法主要是用试样中加入乙腈，用高速匀浆机匀浆 1～2 min 后盐析分层后净化分析，或是用 QuEChERS 法提取。

表 3－2　几种前处理方法的操作及特点的比较

前处理方法	分析方法	优点	缺点
溶剂提取法	通过震荡、浸提或超声等方式，用溶剂提取待测样品中农药	简便，易于操作	使用溶剂种类多，使用量大，操作步骤繁琐
层析柱分离法	又叫柱色谱。是以硅胶或氧化铝作固定相的吸附柱	简便，易于操作	要选择提取效率高的溶剂，在通过不同层析柱进行分离时，分离效果不同，重现性差

续表 3-2

前处理方法	分析方法	优点	缺点
固相萃取法	又叫液固提取法。它是指液体样品中的分析物通过吸着（吸附和吸收）作用被保留在吸着剂上，然后用一定的溶剂洗脱的过程	提高样品处理量；使用溶剂量少，大大减少溶剂的消耗和废物的产生；回收率高，重现性好；极低的杂质干扰；无乳化现象；多种分离模式选择；易于实现自动化	一些极性强的农药在疏水性的 C18 键合固定相上保留很弱，不能与极性干扰物分离
QuEChERS 法	一种普适性很强且集各种基质中农药残留提取和净化于一体的农药残留检测样品前处理技术。以乙腈为单一提取试剂，辅以氯化钠和无水硫酸镁去除乙腈中混合的水分，然后将提取液用 PSA（primary secondary amine，*N*-丙基乙二胺）和无水硫酸镁涡旋混合进一步去除样品中的杂质和水分，是一种融合了固相微萃取技术和分散固相萃取技术的新方法	具有快速、简便、廉价、高效、可靠、安全的特点	由于样品用量的减少，导致目标物的最小检出量提高；主要提取溶剂乙腈在气相色谱检测时效果较差，另外酸化乙腈对仪器存在一定程度上的损害；对于部分基质复杂的样品，QuEChERS 法提取产生的基质效应问题，仍然无法从方法本身得到解决，校正过程的加入增大了试验误差
基质固相分散萃取（MSPD）	一种基于固相萃取的样品前处理技术，将试样直接与固相萃取剂研磨、混匀得到半干状态的混合物并将其作为填料装柱，然后用不同的溶剂淋洗柱子，将各种待测物洗脱下来	MSPD 具有萃取-浓缩-进样一体化的特点，浓缩了传统的样品前处理中所需样品均化、组织细胞裂解、提取、净化等过程，具有省时省力，快速高效的特点，减少了样品预处理步骤，降低了溶剂消耗，提高了分析速度，便于自动化操作。特别适合于固体、半固体及黏性样品（包括生物组织）的处理	取样量少，所得检测限较高，不能满足农残分析要求；样品基质与被分析的目标化合物一同分散在固体表面键合的有机相中，目标化合物洗脱的同时，样品中的杂质成分也会被洗脱，难以达到理想的分离、净化效果

续表 3-2

前处理方法	分析方法	优点	缺点
超临界流体萃取	用某些物质（或溶剂）在临界点以上所具有的特性来提取混合物中可溶性组分的一种新的分离技术。目前最常用的超临界流体为 CO_2，其特点为黏度低、渗透性和流动性好，兼有气体的渗透作用和液体的分配作用，流出液中的 CO_2 在常压下挥发，待测物用溶剂溶解后可直接进行分析检测	可以在较低温度下分析相对分子质量大、热不稳定的化合物和极性较强的化合物。避免了使用大量的有机溶剂、提高萃取的选择性、实现操作自动化、减少了分析时间	目前，超临界流体萃取的实际应用还很有限，主要是设备投资用度大，设计基础数据缺乏，设计经验不足
凝胶渗透色谱（GPC）	根据溶质（被分离物质）相对分子质量的不同，通过具有分子筛性质的固定相（凝胶），有效地去除样品基质中的油脂、色素、生物碱、聚合物等大分子化合物，使物质达到分离	适用的样品范围广，回收的农药品种多，分析的重现性好，柱子可以反复使用；采用在线 GPC 方法，使用小型 GPC 柱，具有大体积进样的能力，利用程序升温进样口（PTV），能较好地分离大分子的脂类和色素等干扰物，进一步提高净化效果、分析效率，实现净化和分析检测的自动化	常规 GPC 多采用离线法，速度慢、溶剂使用量大，操作繁琐
加速溶剂提取技术（ASE）	在较高温度下，利用惰性气体（如氮气）进行吹扫蒸馏，使农药或其他有机物质优先挥发，而植物提取物或动物油脂等干扰物保留在分流管的玻璃珠上，从而得到分离的样品	萃取时间短，溶剂消耗量少，快速、基质影响小、回收率高和重现性好、便于自动化操作	—

续表 3-2

前处理方法	分析方法	优点	缺点
分子印迹固相萃取技术（MI-SPE）	是一种具有很强识别能力的新型高分子仿生材料，具有识别性、预定性和实用性等特点，适合用作固相微萃取涂层、固相萃取填料以及分子印迹薄膜来分离富集样品中的痕量分析物	节省样品预处理后萃取液浓缩所耗费的时间，避免浓缩过程中产生二次干扰，而且能够降低检出限，提高分析的精度和准确性，通常可以选择MI-SPE与HPLC等装置在线联用，以提高分析效率	目前，分子印迹（MIP）制备方法本身存在合成时须使用大量模板分子的问题，导致模板分子渗漏现象难以得到根本解决，且多数MIP在识别过程中会受到水等强极性溶剂干扰，从而导致MI-SPE难以商品化
高效萃取吸管法（DPX）	一种快速从样本试液中萃取分析物的方法。萃取时，样品与松散的固定相充分地混合，样品与吸附剂形成一种均相混合胶体，再经过洗涤，洗脱，即可快速完成残留农药的前处理过程	DPX吸管可以从溶液中除去吸附剂和盐类等颗粒物质，不需要离心、浓缩等步骤，操作更为快速，消耗溶剂更少	DPX针对不同性质的样品可选用不同种类的吸附剂。用于农药残留的DPX吸管类型有DPX-RP、DPX-Q、DPX-WAX 3种类型。目前，我国DPX的研究还处于起步阶段，研究主要是在测定蔬菜中农药残留的前处理上

（二）净化

净化是将样品中待测农药与干扰杂质分离的处理步骤，当用提取溶剂提取样品中待测农药时，干扰杂质随之被一起提取出来，混在提取液中的干扰杂质若不除掉，会干扰检测结果，甚至无法定性定量分析。净化的原则是尽量完全除掉干扰杂质，而又使待测农药损失尽量少。各种净化方法按其原理大致可以分为以下几类：

液-固作用：吸附层析、离子交换层析、凝胶渗透层析、高效液相色谱柱层析等。

液-液作用：液-液分配、酸碱分离等。

液-气作用：蒸汽蒸馏、吹扫蒸馏、顶空解析等。

化学反应：脂肪皂化、蛋白质凝聚、氧化还原等。

据文献报道，目前，蔬菜水果中农药残留检测中常用的净化剂主要有C_{18}、PSA、GCB、Florisil土、硅胶、NH_2等。其中：C_{18}属于反相萃取，能够有效去除脂肪和色素，但它对非极性农药具有较强的吸附作用；GCB除色素、维生素、

甾醇的能力较好，但对含有芳香环、结构具有一定对称性的农药（如百菌清）有较强的吸附作用，因此在使用 GCB 时一是要根据样品色素含量的多少决定，二是加入少量甲苯，提高苯环类农药的回收率；PSA 兼具极性吸附作用和弱阴离子交换作用，可以通过弱阴离子交换或极性吸附达到保留作用。当用在非极性溶液中进行预处理时，能与带有-OH、-NH 或-SH 官能团的分子形成氢键，可以满足去除食品基质中的碳水化合物、色素、有机酸、酚类和强阴离子多种组分的需求，对农药没有吸附作用。

（三）浓缩

浓缩就是将大体积溶液中的溶剂减少，使分析物浓度增高的操作步骤。浓缩是农药残留检测中重要的步骤之一。在一种检测方法中往往要进行多次浓缩，使溶液体积达到所需要的体积。浓缩过程中很容易造成待测农药损失，尤其是挥发性强、不稳定的农药更容易损失，因此，要特别注意。当浓缩至体积很小时，一定要控制浓缩速度不能太快，否则将会造成回收率降低。浓缩回收率一般要求大于或等于 90%。实践中常用的浓缩方法有以下几种：

（1）自然挥发法：将待浓缩的溶液置于室温下，使溶剂自然蒸发。此法浓缩速度慢，但操作简便。

（2）吹气法：采用吹干燥空气或氮气，使溶剂挥发的浓缩方法。此法浓缩速度较慢，对于易氧化、蒸汽压高的农药，不能选用吹干燥空气而应该用吹氮气的方法浓缩。蔬菜水果中有机氯、有机磷等的残留检测，其样品的浓缩常采用氮气吹干法。

（3）减压旋转蒸发法：在减压、加温、旋转条件下浓缩溶剂的方法。此法浓缩速度快，自动化程度高，农药不易损失、简便，是最常用理想的浓缩方法。蔬菜水果有机氯、有机磷等的农药残留检测，其样品的浓缩采用的是真空旋转蒸发法。

（四）农药残留检测样品前处理过程的注意事项

（1）试样在提取过程中应完全被打碎以保证最大提取效率，建议使用破壁粉碎机，转速大于 25000 r/min，除非已知不必要或不适用（如熏蒸剂或表面残留物）。温度、pH 等因素如果影响提取效率、分析物稳定性或溶剂体积则必须进行有效控制。

（2）在测定有机磷类农药残留时，样品可不净化直接水浴氮吹或水浴至近干，但不可全蒸干，应“近干”。若“近干”不好控制，可加入高沸点溶剂或直接用定容用溶剂控制损失。但必须避免用发泡、强烈沸腾或喷雾的方法来浓缩提取物。若加氮吹，氮气流速需控制，以免有机相溅到容器上部或溅出，溅到容器上部附着的待测组分暴露于空气中，易氧化导致过多损失，溅出组分则直接损失，均会使回收率偏低。

（3）在测定有机氯类或其他类农药残留时，一般都需对样品进行净化，手动固相萃取一次过柱的样品数量不宜过多，控制在每组 6~10 个较为合适，固相萃取柱预淋液需去除，活化后待预淋液液面降至填料层时，将样品上样至柱内，并同时收集滤液，按标准要求少量多次洗涤容器，滤液要收集完全，采用的水浴、氮吹方式进行样品浓缩，最后定容，过滤膜，待上机。

（4）在对提取物稀释定容时应采用不小于 1 mL 容量的经过精确校准的容器，并避免进一步蒸发。也可以使用内标，尤其是定容体积比较小的时候。

（5）在方法确认过程中应考察被分析物在提取液中的稳定性。将提取液贮存在冰箱或冷藏箱内可以减少待测物降解，同时不应忽视在温度较高的自动取样器盘上造成的潜在损失。

（6）控制整个前处理的质量最有效的办法就是在前处理的过程中，插入阳性样品（称为控制样）进行检测或做加标回收率试验。如果检测结果表明阳性样品的数据重复性或回收率数据不符合检测方法的要求，如数据偏低，表明在前处理过程中操作步骤有问题，造成被检测物质在净化过程中损失或分解；如数据偏高，即表明样品在实验过程中可能遭受污染或杂质峰干扰未能有效分离。同时，由于每次实验都进行控制样品的重复性检测，因此可以随时监控操作的准确性。至少对控制样品独立测定 20 次，然后计算平均值和标准偏差。以测定值为纵坐标，测定顺序为横坐标，测定值的平均值（X）为控制图的中心线，高（低）于平均值 3 倍标准偏差（$X \pm 3S$）为控制限，高（低）于平均值 2 倍标准偏差（$X \pm 2S$）为警告限，绘制质量控制图。建立质量控制图后，在测试样品的同时测定控制样品，把结果点在质量控制图上，如点未出界，表示分析过程处于控制之中，同批进行的样品测试结果可靠。如点超出控制限，说明分析过程有异常，同批进行的样品测试结果不可靠，应找出原因后重新测试。在用质量控制图进行质量控制时，要注意控制样品的保存条件和保质期，不使用保存不当或超过保质期的控制样品，以免控制样品的检测数据不能重现。

二、检测过程质量控制

农药残留量检测是微量或痕量分析，必须采用高灵敏度的检测技术才能实

现。目前农药残留检测常用的仪器分析方法主要有：气相色谱法（GC）、液相色谱法（HPLC）、气相色谱-质谱联用法（GC－MS、GC－MS/MS）和液相色谱-质谱联用法（LC－MS/MS）等。下面简单介绍农药残留检测过程中常用的质量控制技术。

（一）农药残留检测过程应按规定的标准操作程序操作

（1）随同样品测试做空白试验。若空白值在控制限内可忽略不计；若空白值明显超过正常值，则表明测试过程有严重沾污，样品测定结果不可靠；若空白值比较稳定，可进行 n 次重复测定空白值，计算出空白值的平均值，在样品测定值中扣除。

（2）随同样品测试做控制样品的测定，用统计技术等措施对控制样品的测定结果进行评价。控制样品一般有两种：一种是在样品（该样品中被测组分的含量相对加标量可以忽略不计，或者已知其含量）中加入已知量的标准物质，成为加标样品；另一种是选用已知检测值的实物样品进行复测。

（3）校准曲线可以是工作曲线或标准曲线，应做到：至少做 5 个点（不包括空白）；线性范围内相关系数原则上应大于 0.999。测试溶液中被测组分质量浓度必须在校准曲线的线性范围内；不稳定项目每次测试都应制作校准曲线；较稳定项目可在一段时间内使用同一校准曲线，但每次测试应取单点校准。

（4）分析过程的进样顺序：可以是“溶剂—标准—空白样品—控制样品—溶剂—测试样品—标准—溶剂”为循环进行，顺序也可根据实际情况安排。

（5）经某一种方法检测为阳性结果，必要时应采用其他定性手段如质谱、光谱、双柱定性或特定前处理方法进行确证和复测。

（6）当测试过程出现不正常现象应详细记录，采取措施：如复测或与同岗位技术人员一起研讨解决。

（7）在测定时，均需要进行平行样品测定，其精密度应符合检测方法标准的要求。农药残留检测方法的精密度用重复性限表示。2017 年 6 月颁布实施的食品安全国家标准 GB 23200 系列共 106 个农药残留检测方法，其精密度使用相对误差表示，但这只是过渡，今后通过整合还是以重复性限表示，详见表 3－3。

表 3-3 GB 23200 系列标准精密度

被测组分含量/(mg/kg)	精密度/%
0.001	36
>0.001~0.01	32
>0.01~0.1	22
>0.1~1	18
>1	14

当平行样的精密度不符合要求时，除对不合格者重新做平行样测定外，应再增加测定 10%~20%的平行样，如此累计，直至精密度符合要求。

（二）检测工作过程中应选用合适的标准物质

（1）标准物质的基质组成应与被测样品的基质相同或近似：因为在微量或超微量分析中，基质效应往往是主要误差来源之一。

（2）标准物质浓度水平的选择：因为分析方法的精密度是被测样品浓度的函数。如标准物质作质量控制用时，应选择与被测样品浓度近似的浓度；若用标准物质评价分析方法，应选浓度水平接近分析方法测量的上限与下限两种浓度；若用标准物质校准仪器可用一个至三个或三个以上浓度水平的标准参考物质调整仪器的工作状态，核实仪器的精密度是否存在系统误差。若选两个浓度水平，则应分别靠近测量的上限与下限；若选用三个或三个以上不同浓度水平，应在仪器测定的线性范围内。

（3）标准参考物质准确度水平的选择：标准参考物质的准确度应比被测样品预期达到的准确度高 3~10 倍。若在微量与超微量分析中期望分析结果的准确度在±50%以内，则选用的标准参考物质的准确度在±17%~±5%之内。

（4）标准参考物质取样量的考虑：当取样量小于证书上规定的取样量时，证书上列出的保证值无效；取样量等于或大于规定的取样量时，证书值有效。但取样量大于规定的取样量是极不经济的。

（5）标准参考物质的物理状态的选择与分析方法的进样方式应与实际样品近似，若不经消化的液体样品，应选用溶质为液态的标准参考物质，并附有溶解它们的水剂，应按使用说明书溶解后取样。

（三）添加回收率试验

标准物质的添加回收率或空白回收率，可作为检测工作中数据可靠性的控制依据。用回收率评价准确度时须注意：

（1）样品中待测物质的含量和加入标准物质的含量对回收率的影响。通常标准物质的加入量以与待测物质含量水平相等或接近为宜。若待测物质含量较高，则加标后的总含量不宜超过方法线性范围上限的90%；或以该试样农药最高残留限量（MRL）为参照，以规定的MRL值接近的含量为中挡添加量，低于或高于MRL值一个数量级为低挡或高挡添加量。若其浓度小于检测限，可按测定下限加标。在其他任何情况下，加标量不得大于样品中待测物含量的3倍。农残加标量一般为方法定量限的2倍。

（2）加入的标准物质与样品中待测物质的形态未必一致。即使形态一致，其与样品中待测组分间的关系也未必相同。因而用回收率评价准确度并非完全可靠。选用与待测样品同品种的标准参考物质是质控分析的首选。

（3）样品中某些干扰物质对待测物质产生的正干扰或负干扰，有时不能为回收率试验所发现。但一般要求回收率在70%~120%之间，平均回收率在80%即符合要求。

（4）不同方法的比较，获得的相同结果可以作为其真值的最佳估计。当采用不同分析方法对同一样品进行重复测定，所得结果一致，或统计检验表明其差异不显著时，则可认为这些方法都具有较好的准确度。

（四）检测结果的确证试验

（1）当监督检测或执法检测时，确证样品中含有某种农药或是否超过最大残留限量的工作特别重要。原因是样品中含有的干扰物质对结果造成误判。在已经确证有残留的情况下，需提供结果重复性的证据。当有干扰物存在时，应当注意的是，残留未检出的唯一证据由仪器性能验证数据提供，但如果只有代表性被分析物的回收率和最低校准水平的资料，则该阴性结果必须谨慎地加以说明。

（2）确证试验可以是定性分析，也可以是定量分析。但多数情况下，这两方面的信息都需要。残留检测结果在检出限或检出限附近时，确证试验就非常困难。作结论时应该考虑分析质量控制资料、试样重复测定结果和典型的不确定度的评价，以及在采样前及测定中是否发生残留物损失或交叉污染等。其中，典型的不确定度评定是基于以往数据并不一定反映当前样品分析的不确定性。不确定度评定可参照ISO或Eurachem方法进行，综合引用来自实验室验证、基准物质分析、不同实验室采用同一方法对同一样品分析等一系列的数据进行评估，以再现性标准偏差，作为计算不确定度的主要数据。此外，还应包括实验室样品的不均与提取效率和标样的浓度所引起的偏差。

（3）对于相同来源的含有相同农药残留的一系列样品来说，随机选取少量样品就能够对农药进行定性。同样的，如果已知某特定的农药应用到某种样品中，尽管随机选取的样品的测定结果需要确证分析，但一般没有必要对农药进行定性确证试验。空白样品的分析是必要的，它可用于检测是否存在干扰物。

（4）基于最初的测定方法，其他可替代的检测方法对样品的定量可能是必要的。对定性分析，可以使用质谱或基于样品物化特性的组合技术。

（5）取得可靠确证数据的关键是对分析部分的正确判断，必须以实验室具备的仪器和可用技术为基础，选择可疑性最小的技术（或几项技术的结合）来鉴别，并至少进行一次重复检测来进行确证，其中，不同的净化、衍生、分离和检测方法的组合都可用于确证。

以下重点介绍两种常用结果确证技术：质谱分析技术和衍生化技术。

1）质谱分析技术

使用质谱获得的残留数据是最可靠的。农药残留质谱测定通常与色谱分离技术联用，以同时提供保留时间、质荷比和离子丰度信息。特定的分离技术、质谱技术或两者的联用与被分析农药的范围是相关的。没有一种组合可以分析所有的化合物。某种农药残留存在最可靠的证据是获得该农药的完整电子轰击质谱图。

提高灵敏度可以通过缩小扫描或选择离子扫描实现，但是离子数目越少，得到的数据结果就越不准确。其他的确证信息可通过以下方式获得：更换色谱柱；使用其他的离子源技术；通过使用串联质谱监测选择离子的进一步降解产物；通过监控选择离子提高质谱分辨率条件。对于定量分析，监控离子应是所分析化合物的特征离子，同时要求干扰最小并能产生良好的信噪比。

一般情况下，高效液相色谱检测数据比气相色谱可信度差，如果该农药有紫外吸收，完整的紫外光谱图可以提供较充分的定性依据。然而，一些农药的紫外光谱图很难判断，因为其光谱图与许多具有相似官能团或结果的其他化合物产生的光谱图相似。

一般情况下，紫外吸收数据是不足以定性的。荧光监测数据可用于确证紫外吸收获得的数据。单极液质联用可以提供较多的定性依据，但是由于产生的质谱图一般都比较简单，只能得到很少的特征碎片，因此其结果可信度不大，LC/MS/MS 联用是更强有力的分析技术，可以提供足够的定性依据。单极液质联用技术易受基质的影响，因此定量分析可能需要使用标准添加物质或同位素

标记标准品。

某些情况下，气相色谱法对被测物质的定性可以通过薄层色谱法很容易的完成。定性确证主要依据两个参数：Rf 值和可视反应。基于生物催化剂的检测方法适用于某些特定类型农药的定性。然而，薄层色谱分析在定量方面的应用还是有限的。薄层色谱法的优点是快速、成本低、便于分析热不稳定农药，不足是与色谱检测技术相比，灵敏度低、分离效果差，而且，在使用基于化学颜色反应的检测时要求进行更有效的净化技术。

2）衍生化技术

该部分的确证试验可以分为以下三类：

化学反应：通过化学反应使农药样品发生降解、聚合或缩合，然后利用色谱技术对样品进行测定。这些反应导致新产物与母体化合物具有不同的保留时间。标准物质应和可疑残留物同时处理，有利于直接比较每个结果。

物理反应：对农药残留物发生光化学反应以产生的一种或多种光解产物进行色谱分析是一种可用的技术。农药标准品和添加样品要用相同的方法处理。含有多种农药残留的样品可能会给结果的解释带来困难。这种情况下，在衍生化反应前，可以事先通过薄层色谱法、高效液相色谱法、柱层析法对残留物进行分离。

其他方法：许多农药对酶敏感，可以被其降解或转化。与通常的化学反应不同，这些方法具有特异性，通常包括氧化反应、水解反应或烷基化。转化后的产物具有与农药亲体不同的色谱特性，将农药标样与反应产物对比即可用于确证试验。

（五）结果的表述

当测定结果小于方法检出限时报告为未检出，同时写出方法检出限；当测定结果大于方法检出限且小于方法定量测定限时，报告为定性检出；当测定结果大于方法定量测定限时，报告定量结果。

农残测定结果以两次测定的算术平均值表示，保留 2 位有效数字，当测定结果大于 1 mg/kg 时，保留 3 位有效数字。

（六）其他

1. 避免损失

农药残留检测是微量分析，有时甚至是痕量分析，在整个检测过程，从采样开始直到上机分析，都要特别注意避免待测分析成分损失。根据实践经验，特别要注意以下几点：

（1）样本采集和包装。采样后，样品避免长期阳光直射，并尽快运到实验室，贮存在3~5 ℃条件下，一般要求在2~3 d内进行前处理，最好能在一周内完成检测。

（2）样品贮存。若样本需要贮存6~9个月，应贮存在-20 ℃下。一般情况下，在这种条件下贮存时，酶或微生物的分解作用可以忽略不计，但由于有时某些酶在很低温度下也可以使农药残留降解，因此，如果有怀疑的话，或为了特殊需要，也可在相同条件下做添加样本贮藏试验进行比较。

（3）解冻的样本应立即检测。样本溶液的存放应避免光直射和高温。冷冻样本中的冰晶和水不得丢弃，应一并匀浆取样检测。

（4）充分提取，完全转移。浓缩时溶剂蒸发不能太快，加热温度不能太高，减压的压力不能太大。特别是在溶液浓缩至体积很小时或近干时，要格外注意，稍有疏忽就可能造成严重损失。

2. 安全措施

农药残留检测实验室的安全至关重要，它与一般化学实验室有相同之处，但也有不同特点。为了保证检测人员（特别是长期从事检测的技术人员）的身体健康，防火防电，保证检测结果的可靠性，实验室必须完善安全措施，并由专人定期检查。制定规章制度时一般应考虑如下几点：

——实验室严禁吸烟，饮食。

——实验室内不得存放大量易燃溶剂，大批易燃溶剂贮存室也应远离工作区。

——有毒和易燃污物贮存应在密封容器里。

——蒸溶剂和浓缩溶剂时不能用明火。

——当用易燃易挥发性溶剂提取样本时，要用防电火花的捣碎器（或匀浆器）。

——用防电火花冷藏箱存放易燃溶剂配制的农药标准溶液。

——在进行有毒或腐蚀性溶液处理时，应在通风橱内操作。

——进行消化反应或其他有潜在爆炸反应时，要有防爆措施，如用安全隔板等。

——当接触高毒物品时，要戴手套、口罩、眼镜、甚至防毒面具。

——严格保管农药和试剂，出入库必须登记，对剧毒和易燃物必须经专人

审批。

——随时检查气体钢瓶和气路是否漏气，特别是氢气，气体钢瓶应装有安全链。

——备有紧急淋洗器和防火设备，常备一些解毒药品（如阿托品等）。

——实验室必须有紧急出口，每层楼至少有一个自救呼吸装置。

——对工作人员定期健康体检，并建立健康档案。

第三节　兽药残留

兽药残留是指食品动物用药后，动物产品的任何食用部分中与所用兽药有关的物质的残留，包括原型兽药或/和其代谢产物。如：蝇毒磷，其在蜂蜜中的残留物既包括蝇毒磷又包括其氧化物。现代兽药残留分析方法通常包括样品前处理和测定方法两部分。

兽药残留分析技术的特点：

（1）待测物浓度低，残留量一般为 μg/kg（ppb）级，甚至 ng/kg（ppt）级；

（2）样品基质复杂，动物种类多样，干扰物质多，尤其是肝脏和肾脏；

（3）前处理过程复杂，花费时间长，需要一定的人力、物力和财力；

（4）使用有毒有害化学试剂，前处理过程常用到大量的甲醇、乙腈、正己烷、氯仿等对从业人员有毒有害的化学试剂；

（5）兽药残留代谢产物多样或不明；

（6）动物种类多样，对药物代谢存在差异。

一、前处理过程质量控制

样品前处理是兽药残留分析方法的重要部分，其主要作用是将药物从样品中释放出来、消除基质干扰、将待测组分溶于可分析介质、转成可检形式、达到可检测的浓度范围。样品前处理主要包括提取、净化、浓缩和衍生化。不同样品前处理方法的选择，需要根据样品中危害残留物质的理化性质、存在状态、处理方法对药物稳定性的影响、样品基质的化学组成等特点进行选择。

理想的样品前处理方法，总体上应该满足以下几个要求：

（1）兽药残留检测属于复杂基质中痕量组分的分析，前处理过程应尽量避免损失和污染；

（2）提高检测的灵敏度、精确度和可靠性（排除假阴性和假阳性包括污染因素）；

（3）提高分析检测的整体速度。

（一）样品预处理——水解

生物样品含有大量蛋白质，在测定过程中蛋白质会形成泡沫、浑浊或沉淀而干扰测定。蛋白质还会污染仪器或恶化测定条件，如直接进样，蛋白质会在色谱柱上沉积，影响柱效，大大缩短色谱柱的使用寿命。

对于一些无法用常规方法直接提取的样品基质（如毛发等）、组织结合力强的待测物组分或与葡萄糖醛酸或硫酸结合态的组分，通常要用酸或碱水解、酶水解的方法，使其转变为游离态或易于提取的状态。常见需水解的药物：β-受体激动剂类、类固醇类（激素类药物）、镇静催眠类（苯二氮卓类）等。

酸或碱水解常选用盐酸溶液或氢氧化钠溶液在较高温度下快速水解，简便、快速、成本低，但反应剧烈，会使部分待测物产生分解。例如：DB33/T 455—2003 针对动物毛发中克仑特罗用氢氧化钠溶液 80 ℃下水解 1 h 的方法。农业部 781 号公告-4-2006、GB/T 20752—2006 和 GB/T 21311—2007 硝基呋喃类代谢物用盐酸溶液水解。喹乙醇代谢物 MQCA 用盐酸溶液或氢氧化钠溶液水解。

酶水解常在 pH=5.2 的乙酸铵缓冲体系中加入适量的β-葡萄糖醛苷酶-芳基硫酸酯酶，37 ℃下水解 16 h；或 55 ℃下水解 2 h。该法针对性强、条件温和、不会引起待测物分解，重现性好，缺点是成本高，反应时间长，酶制剂及水解后会产生蛋白类干扰性杂质，对后续净化提出了更高要求。例如：GB/T 21313—2007、GB/T 22286—2008 和农业部 1025 号公告-18—2008 对β-受体激动剂的水解，GB/T 21981—2008、GB/T 22957—2008、农业部 1063 号公告-1—2008对糖皮质激素类药物的水解，GB/T 22338—2008 对氯霉素类药物的水解都采用了酶水解的方法。

（二）提取

提取是用物理或化学方法将待测药物从样品中释放出来并转换成易于分析的状态，提取方法的设计应遵循“相似相溶”的原理，应考虑样品基质的种类、待测物溶解性、顾及到下一步采用的净化方法。提取过程应首先确保最大回收率，其次是减少样品基质的共萃取。

1. 提取溶剂的选择

（1）选择原则：提取剂一般根据待分析样品及化合物的特性来选择。一般

应遵循“相似相溶”原理，即与待测药物、样本基质有较好的互溶性；溶剂的沸点在40~80 ℃范围内；溶剂不能与样本发生作用；低毒性、价格低廉等。

（2）提取效率要高，考察提取效率的方法有：1）使用内标法进行回收率试验；2）用彻底提取法-索氏提取12 h，比较测定结果；3）用选定的提取溶剂和方法提取1次；用选定的提取溶剂和方法提取3次，合并提取液测定；用3倍体积的选定方法的提取剂按同一方法提取3次和测定，只有当这3种分析测定结果相同时才肯定所选提取方法是可行的。

（3）大多数兽药属于极性化合物，至少结构中含有极性基团，因此一般在极性的有机溶剂中有较高的溶解度，例如磺胺类、大环内酯类、喹诺酮类、林可胺类、β-内酰胺类等药物可以直接使用乙腈、甲醇等水溶性极性溶剂进行提取。

（4）对于一些脂溶性的药物或其液态样品的分析，可采用乙酸乙酯、二氯甲烷等非水溶性的极性溶剂进行提取，例如β-受体激动剂、雌激素类、苯二氮卓类等药物先在酸性缓冲体系中酶解后调至碱性，再用乙酸乙酯萃取。

（5）提取剂的选择注意点：

1）与待测样品的基质互溶性好，溶解度大，能有效释放待测药物，对干扰物溶解度小。

2）具有除脂和/或除蛋白作用。

3）纯度高、毒性小、黏度小、沸点适中（一般为40~80 ℃），价格便宜易净化等。

4）水溶性溶剂提取效果好，应用广泛，但提取的杂质往往较多，乳化现象较严重。甲醇、乙腈、丙酮的提取效果相似，但甲醇提取液的杂质相对较多，为增加提取效果，必要时可采用混合溶剂提取，如乙腈-水（4+1）、乙腈-甲醇（1+1）、甲醇-水等。另外，二甲基亚砜、二甲基甲酰胺也有很强的提取和溶解能力，但沸点高，难以净化，慎重使用。

5）溶剂与水的互溶性，有的溶剂如乙醚，萃取后可混入大约1.2%的水分，因此伴随带入一些水溶性杂质，可加入无水Na_2SO_4，利用其盐析作用提高回收率。

6）对于干样品（含水率低于10%）应加入适量水再提取，或使用混合溶剂：水溶性溶剂-水能增强提取效果。

2. 提取方法

（1）提取方法应遵循的原则：1）提高样品的破碎程度；2）注意搅拌和进行重复提取，提高扩散速度，延长提取时间；3）适当提高温度，使用黏度小的溶剂，提高扩散系数，加快传质。

（2）兽药残留样品的主要提取方法：

1）组织捣碎法：又称匀浆提取法。将样品（固体样品预切碎或绞碎）和3~5倍样品体积的提取溶剂加入捣碎杯中，高速搅拌或匀浆，通过溶剂与样品充分混合，使待测药物从固体样品中快速溶出，将样品过滤或离心后移取提取液，残渣重复提取1~2次，合并提取液进行净化。

2）振荡法：将样品（固体样品用匀浆物）和适量的提取溶剂加入具塞离心管内，中速振荡一定时间，将样品过滤或离心后移取提取液，残渣重复提取1~2次，合并提取液进行净化。该法操作简单，可同时对多个样品进行提取，已成为目前兽药残留检测主要的提取方法。

3）索氏提取法：需使用索氏提取器。提取时需考虑待测药物的热稳定性，保证在长时间的回流过程中不分解。该法不需要转移样品，提取效率高，是一种彻底的提取方法，但提取时间较长，耗用较多的溶剂，需对提取液进行浓缩。动物组织样品可用无水硫酸钠等一起研磨制成干粉后再进行提取。

4）超声波提取法：需借助超声波。将匀质样品置于离心管内，加入溶剂，浸于超声波水浴中进行超声，使固-液接触更加紧密、混合更加充分，增加待测药物的脱附和溶解，提高了提取效率。超声过程中产生的缓慢加热也有助于提取。

（3）提取方法的选择注意点：

1）根据样品和所检目标农药残留的特性结合样品基质选择不同提取方式。尽量减少干扰性杂质，又要选择省时、省力、经济、环保、系统化和规范化的提取方法。

2）对于磺胺类、氨基糖苷类药物等不易溶于非极性有机溶剂而易溶于极性有机溶剂药物，可选用乙腈、氯仿、丙酮、乙酸乙酯或者混合溶剂做提取液。

3）对于β-内酰胺、磺胺类呈酸性的药物，可在酸性条件下用有机溶剂提取，常用磷酸或醋酸调pH来提高提取效率，为防止该类药物与动物组织中大分子化合物形成共价键，样品提取后进行脱蛋白，常用的脱蛋白试剂有甲醇、乙腈、异丙醇、硫酸等。但是青霉素G、氨苄青霉素等药物不耐酸，酸性条件下易分解，因此提取时应防止该类β-内酰胺类药物产生水解。

4）对于呈弱碱性微溶于水在水中易分解的大环内酯类，在酸性条件下更不稳定，常用甲醇、乙腈、乙醚及Tris缓冲液、硼酸盐缓冲液等混合溶剂和缓冲液作提取剂。

5）对于硝基呋喃代谢物，一般是在pH 7的水溶液中与乙酸乙酯进行两相

分配，但对高蛋白、高脂肪、高淀粉样品，此法易出现水相有机相分层不明显而产生干扰，可加入少量十二烷基苯磺酸钠缓解乳化现象，也常采用正己烷进行脱脂处理。

6）对于甾类同化激素类药物，残留量较低，样品基质复杂，一般肉、肝、脂肪、肾样品常用甲醇作提取剂进行液液萃取。

7）当试样为干样或水分含量较少时，应先加入少量水润湿，而后再用适当提取溶剂进行提取。

8）当试样含有大量水分时，提取溶剂中应加入无水硫酸钠或氯化钠，除水，盐析蛋白，以提高提取率。乙酸乙酯是此种情况下采用最多的提取溶剂，既能有效提取，又能减少蛋白质等水溶性杂质的共萃取。

9）当试样既含水分又含脂肪时，可先用一种与水相混合的溶剂提取，再用一种与水不相混合的溶剂进行反提取。

（三）净化

净化是将待测药物与杂质分离的过程。提取过程中，许多与待测药物溶解性相似的杂质将被一起转移出来，这些杂质对仪器检测具有干扰作用，如增加基线噪声、出现干扰色谱峰、降低色谱柱柱效、阻塞管路、污染检测器等。净化是为了除去提取过程中与待测组分溶解性相似被一起转移出来的杂质。净化过程复杂、方法灵活多样，以适应不同样品基质和检测的需要。兽药残留检测过程净化方法主要有以下四类。

1. 液液萃取

液液萃取（LLE）是一种经典的净化方法，原理是利用待测药物在互不相溶的两种溶剂中溶解性的差异达到净化的目的。LLE 通常采用漏斗振荡或涡旋萃取两种方法进行。常用有机溶剂：甲醇、乙腈、丙酮、氯仿、二氯甲烷、四氯化碳、乙醚、叔丁基甲醚、乙酸乙酯、苯、甲苯、正己烷。

注意：（1）pH 值对具有酸碱性的药物溶解性影响很大。调节 pH 值利用有机溶剂从酸性或碱性水溶液中反萃取待测药物。同样，调节 pH 值利用酸性或碱性水溶液从有机溶剂中反萃取待测药物。（2）LLE 过程中由于剧烈的混合振摇，容易产生乳化现象。为提高待测药物的回收率，在溶剂混合振摇时，采用轻缓地向一个方向振摇。（3）盐析是指向溶液中加入硫酸钠、氯化钠等中性强电解质促使待测药物析出的现象。利用盐析效应可以促进有机溶剂萃取、降低萃取乳化现象、促使有机相和水相分层等。

2. 固相萃取

固相萃取是由液固萃取和液相色谱技术相结合的一种技术，利用选择性吸附和选择性洗脱的液相色谱法分离原理，进行样品净化的方法。原理是利用装有各种填料的可弃小柱，使待测药物保留在小柱的固定相上，然后淋洗杂质，再改变条件将待测药物从固定相上洗脱下来，达到净化和富集的目的。另外，使待测药物直接通过固定相而使大部分干扰杂质保留在固定相上，达到分离的目的，也属于固相萃取的范畴。

固相萃取分离机制和溶剂的选择见表 3-4。根据不同的分离机理，常见的固相萃取柱可分为以下 4 种：

（1）反相 SPE 柱：适用于吸附或保留极性溶剂中的非极性和弱极性物质，常见的有 C_{18}小柱、C_8小柱等。例：农业部 781 号公告—6—2006 使用 C_{18}小柱净化喹诺酮类药物，GB/T 21320—2007 和农业部 1025 号公告—5—2008 同时使用 C_{18}和 C_8两种萃取小柱净化阿维菌素类药物。

（2）正相 SPE 柱：填料固定相官能团为氨基等中等极性基团，适用于吸附或保留非极性溶剂中的极性物质，常见的有氧化铝小柱、硅胶小柱等。例：GB/T 20361—2006 使用酸性氧化铝小柱净化孔雀石绿和结晶紫，GB/T 20364—2006 使用硅胶小柱净化聚醚类药物，农业部 1031 号公告—2—2008 使用硅胶小柱净化糖皮质激素类药物。

（3）离子交换 SPE 柱：适用于对溶液中带有电荷的化合物进行分离，常见的有阴离子交换柱（WAX、SAX）和阳离子交换柱（WCX、SCX）两种。例：农业部 1025 号公告—13—2008 同时使用 SAX 和 SCX 两种萃取小柱净化头孢噻呋类物质。

（4）混合型 SPE 柱：是多种萃取模式相结合的技术，为残留检测尤其是多残留检测提供了有利的工具。

HLB 小柱填料由亲脂性和亲水性两种单体按一定比例聚合而成，可以为极性物质的保留提供很好的水浸润性，属于反相保留。MAX 和 MCX 小柱可以提供离子交换与反相保留两种保留模式，MAX 适用于酸性化合物的阴离子交换和反相吸附，MCX 适用于碱性化合物的阳离子交换和反相吸附。例：农业部 1025 号公告—23—2008 使用 MCX 小柱净化 18 种磺胺类药物，GB/T 22286—2008 和农业部 1025 号公告—18—2008 均使用 MCX 小柱分别净化 11 种和 9 种 β-受体激动剂。

表 3-4　固相萃取分离机制与溶剂选择

分离机制	弱溶剂（保留条件）	强溶剂（洗脱条件）
反相	水、缓冲液或低浓度的甲醇或乙腈	甲醇、乙腈或溶剂与水的混合物
正相	正己烷、甲苯等	二氯甲烷、甲醇等
阳离子交换	低离子强度缓冲液 低反离子强度 pH>固定相 pKa pH<分析物 pKa	高离子强度缓冲液 高反离子强度 pH<固定相 pKa pH>分析物 pKa
阴离子交换	低离子强度缓冲液 低反离子强度 pH<固定相 pKa pH>分析物 pKa	高离子强度缓冲液 高反离子强度 pH>固定相 pKa pH<分析物 pKa

注意：（1）容量：SPE 柱容量一般为固定相中重量的 1%~3%。（2）流速：流速越低，净化效果越好，一般 1~10 mL/min。稳定的流速对保证净化的重复性是重要的。（3）溶剂：在保证样品溶解时应尽可能使用弱溶剂溶解样品，使组分在柱上有强保留，用较小溶剂体积即可将组分洗脱，也可减少杂质流出。终溶剂的强度与样品溶剂接近或更低，以免样品被带出造成回收率下降。（4）活化：活化过程中和上样前不要让柱内液体流干和空气进入，否则柱床会出现裂隙，影响回收率、重复性和净化效果。不当的活化常是导致净化失败和分析误差的来源。

3. 基质固相分散技术

基质固相分散技术（MSPD）是一种在 SPE 基础上改进后的处理方法，将样品直接与适量填料一起研磨，得到半干状态的混合物并将其作为填料装柱，然后用不同的溶剂淋洗柱子，将各种待测药物洗脱。

自 1989 年 Barker 等人提出并给予理论解释后，MSPD 技术已被用于四环素类、磺胺类、β-内酰胺类、苯并咪唑类、氯霉素、伊维菌素等多种兽药残留检测中。

4. QuEChERS 技术

2003 年，Anastassiades 等开发了一种快速（quick）、简单（easy）、便宜（cheap）、高效（effective）、耐用（rugged）和安全（safe）的农药多残留检测样品前处理方法，并用首字母缩写将此方法命名为 QuEChERS。

该技术操作流程：采用乙腈或含 1%乙酸的乙腈提取，加入无水硫酸镁和氯化钠吸水并促使提取液分层，上清液加入硅胶基伯胺仲胺键合相吸附剂（PSA）、C_{18}或石墨化炭黑（GCB）等吸附剂除去基质干扰物，最后用仪器法分析测定。

该技术自发布以来，因其简化了以前繁杂的萃取步骤并扩大了所萃取农药残留的范围，因此在农药残留领域得到了广泛应用。在兽药残留分析中，该技术目前主要用于牛奶、鸡蛋、肌肉或肝脏等动物性食品中磺胺类、喹诺酮类、苯并咪唑类等兽药残留的检测。

（四）浓缩

经提取与净化后的待测药物的存在状态往往不能满足仪器检测的要求，如待测药物的溶剂与仪器不兼容、浓度低于检测器的响应范围等，因此必须进行浓缩，对待测物进行浓度富集或转溶。

根据仪器及灵敏度情况选择合适的溶剂及溶解体积，常用的溶剂 LC 法一般选择对应的流动相，LC－MS/MS 法一般选择含 5%～50%甲醇或乙腈的水溶液，有时加入少量甲酸等以提高质谱的离子化效率。常用的溶解体积一般为 1.0 mL 或 0.5 mL，也有 2.0 mL 和 0.2 mL 等。

常见的浓缩方法是溶剂挥发，一般选用旋转蒸发仪进行减压蒸馏，或选用氮吹仪进行气流吹蒸。

稳定性差、蒸汽压或极性高的待测药物在浓缩过程中容易损失，因此，蒸发温度不宜过高，吹蒸速度不宜过快，不管哪种浓缩方法都不应将样品蒸或吹的过干。另外，采用旋转蒸发仪进行浓缩时，为防止溶剂出现爆沸现象，可加入适量正丙醇。

注意：(1) 对于易发生损失的化合物蒸发温度不宜过高，吹蒸速度不宜过快。(2) 浓缩过程中样品不可蒸或吹过干（加入乙二醇、硬脂酸或液体石蜡作为保持剂）。(3) 采用旋转蒸发仪进行浓缩时，为防止溶剂出现暴沸现象，可加入适量正丙醇。

（五）衍生化

衍生化是指将样品中的待测组分制成衍生物，使其更适合于特定的分析方法。衍生化在色谱分析中的作用有：(1) 提高检测灵敏度改变化合物的色谱性能，改善分离效果。(2) 适合进一步做化合物的结构鉴定。(3) 扩大色谱分析的应用范围。

1. 气相色谱衍生化方法

某些药物结构中含有多个极性基团，热稳定性差，沸点高，不容易挥发，

因此一般不能直接用气相色谱法（GC）进行分离。通过衍生化反应可将难于气化、热不稳定的待测药物转变成易于挥发、热稳定的、易于气相色谱分析的衍生物。

GC法衍生化方法：主要包括硅烷化、烷基化、酰化、酯化、缩合和环化等反应。其中，硅烷化衍生化反应是最常见的衍生化反应，含有羟基、羧基、巯基和氨基等官能团的化合物与硅烷化试剂反应，生成相应的硅烷化衍生物。例：农业部781号公告—1—2006中氯霉素和农业部1025号公告—3—2008中玉米赤霉等药物常使用BSTFA和三甲基氯硅烷（TMCS）的混合物作为衍生化试剂进行硅烷化反应。

2. 液相色谱衍生化方法

某些药物结构中没有相应的发色基团，在进行液相色谱法（LC）检测时，通过衍生化反应，转变成具有紫外吸收能力的衍生物以适应紫外检测器，或生成具有荧光的衍生物以适应荧光检测器，或转化成在电极上能氧化还原的衍生物以适应电化学检测器。

液相色谱衍生化方法：

（1）胺和氨基酸的衍生化：酰氯类、磺酰氯类、硝基卤代苯类、*N*-琥珀酰亚胺-对硝基苯乙酸酯、异硫氰酸苯酯、印三酮。

（2）羧酸的衍生化：在冠醚的催化下与苯甲酰甲基溴、对硝基苄基溴、萘甲酰甲基溴等反应生成酯。

（3）羟基化合物的衍生化：衍生化试剂主要为酰氯，反应介质一般为吡啶。

（4）羰基化合物的衍生化：主要衍生化试剂为2，4-二硝基苯肼。

例：农业部781号公告—11—2006中青霉素类药物以1，2，4-三氮唑和氯化汞混合物为衍生化试剂进行反应，通过紫外检测器检测；农业部1025号公告—1—2008中氨基糖苷类药物以邻苯二甲醛（OPA）和2-巯基乙醇为衍生化试剂进行反应，通过荧光检测器检测。

根据液相衍生化反应发生的时间和部位不同，可将衍生化反应分为柱前衍生化和柱后衍生化。

（1）柱前衍生化：在色谱分离前，预先将样品制成适当的衍生物，然后进行分离和检测。

优点：衍生化试剂、反应时间和反应条件的选择都不受色谱条件的限制，衍生化后的样品能用各种预处理方法进行纯化和浓缩，也不需要附加特殊的仪器设备。

缺点：操作比较繁杂费时，容易引起误差，影响测定的准确度；当衍生化试剂的相对分子质量相对大时，其引入还可能减小组分间由于分子大小差别而产生的色谱保留行为的差别。

例：硝基呋喃代谢物相对分子质量很小，所以一般都通过衍生的办法，增大相对分子质量来测定，常用的衍生化试剂有 2 -硝基苯甲醛和 2 -羟基萘甲醛。GB/T 21311—2007、农业部 783 号公告—1—2006 中硝基呋喃代谢物以 2 -硝基苯甲醛为衍生化试剂进行反应，通过 LC - MS/MS 进行检测，内标法定量。

（2）柱后衍生化：样品经色谱分离后，使衍生化试剂与色谱流出组分在系统内进行反应，然后检测衍生物。

优点：操作简便、重复性好，色谱分离相衍生化连续自动进行，而且衍生化不影响组分的色谱分离。

缺点：需要附加输液泵、混合室和反应器等装置，由于柱出口至检测器间有较长的流程，可能发生色谱峰展宽。

实现柱后衍生化必须满足下列条件：1）衍生化试剂足够稳定，对检测器的响应可以忽略，不产生干扰；2）衍生化试剂溶液与色谱流动相能互相混溶，混合后不产生沉淀或分层，而且色谱流动相适宜作衍生化反应的介质；3）衍生化试剂与色谱柱流出液的速度要匹配，混合迅速且均匀，以免产生噪声；4）衍生化反应必须迅速和重现性好，反应器设计要合理，以尽可能减少峰展宽。

（六）兽药残留检测样品前处理过程的注意事项

1. 大多数动物组织含有高水分、高蛋白、高脂肪样品，还有少量糖类、维生素和矿物质。因此，脱水、脱蛋白、脱脂成为处理过程必须要考虑的操作。

2. 试样在提取过程中应完全被打碎以保证最大提取效率，提取过程与一些样品制备过程要一同进行，如匀浆、抑制样品降解等。

3. 净化过程复杂，要灵活多样，来适应不同待测物、基质和分析的需要。如采用手动固相萃取柱，一次过柱的样品数量不宜过多，固相萃取柱在收集滤液之前的操作过程始终保持湿润状态，收集滤液之前要吹干小柱。

4. 在浓缩时，样品应浓缩至“近干”，不可蒸干。若“近干”不好控制，可加入高沸点溶剂或直接用定容用溶剂控制损失。但不能用发泡、强烈沸腾或喷雾的方法浓缩提取物。若用氮吹，氮气流速需控制，以免待吹液溅出，待测组分损失，回收率降低。

5. 衍生化方法要选择恰当，符合反应速度快，易重复，可操作性强，定量

完全，产物易纯化、分离、检测等原则。

6. 在对提取物稀释定容时应采用不小于1mL容量的经过校准的容器，并避免进一步蒸发。也可使用内标，尤其是定容容积比较小的时候。

7. 为了控制整个前处理过程的质量，必须加入质控样品，测其回收率和精密度。如果检测结果表明质控样品的精密度和回收率数据不符合检测方法的要求，如数据偏低，表明在前处理过程中操作步骤有问题，造成被检测物质在净化过程中损失或分解；如数据偏高，即表明样品在实验过程中可能遭受污染或杂质峰干扰未能有效分离。回收率不在要求范围内，要查找原因，样品要重做。

（七）样品前处理技术发展方向

1. 自动化前处理：超临界流体萃取技术（SFE）、加压液体萃取技术（PLE）、自动化在线SPE等。

2. 微量前处理：液液微萃取、固相微萃取等。

3. 环保要求：前处理尽量少用有机溶剂、少用毒性大的溶剂。

总之，样品前处理正向着自动化、微量化、无毒化、快速化和低成本方向发展，向着快速、灵敏、准确和高效方向发展。

二、检测过程质量控制

兽药残留分析具有待测物浓度低，样品基质复杂，动物种类多样，干扰物质多，兽药残留代谢产物多样或不明的特点。因此，兽药残留分析技术是复杂混合物中痕量组分的分析技术，既需要精细的微量操作手段，又需要高灵敏的痕量检测技术，难度大、仪器化程度和分析成本高，对分析质量控制和分析策略有特殊要求。

目前农药残留检测常用的仪器分析方法主要有：液相色谱法（HPLC）、液相色谱-质谱联用法（LC - MS/MS）、气相色谱法（GC）、酶联免疫分析法（ELISA）等。在兽药残留检测分析过程中，本部分主要从兽药残留检测过程中常用的质量控制技术进行介绍。

（一）检测人员

检测人员设置要合理、有效、职责明确，人员数量与各自知识结构搭配合理，注重提升检测人员的理论知识与实际操作能力，人员培训要有针对性、可行性、有效性，有计划地进行人员管理并落实、评价等。兽药残留检测是痕量分析，检测人员要树立痕量分析意识和防止污染意识。

（二）注意以下可能引起污染的因素

1. 实验室操作人员之间的污染。

2. 人和仪器之间的污染。

3. 前处理室和仪器室之间的污染。

4. 前处理室的环境，如实验室台面、洗刷池（标品瓶、进样瓶、移液管、离心管、试剂瓶等）都可能引起污染。

5. 不同人员使用的移液枪带来的污染。

6. 长期大量进样，会给仪器（如质谱离子源）造成污染，应及时清洗维护。

（三）兽药残留检测应选取有效方法

按照现行有效检验方法标准进行检验，应经过方法的验证，证明实验室有能力操作和执行该检验方法标准，新方法需经过实验室的验证，方法验证应完成该方法的回收率试验、精密度试验、方法的线性试验等技术参数的验证。如使用国外标准，应有中文译本并形成实验室的检验作业指导书。如果使用非标方法（某些特殊任务下），实验室制定方法、超出预定范围使用的标准方法（如尿中的测定方法用于肉、肝；禽肉方法用于禽蛋）、扩充和修改的方法进行检验，则必须进行完整的方法确认。经过一系列的技术测试和特异性、耐用性考证，并提供方法不确定度评估，以证明这些方法所得到的结果具有科学性、准确性、有效性和灵敏性。

（四）标准溶液的配制

对照标准物质证书，确认有效期、纯度、结构和相对分子质量，根据标识的纯度等内容进行换算，按照标准的浓度范围或单点浓度进行定量。兽药残留检测涉及的标准物质除药物原形外，还涉及兽药的代谢产物，除兽医临床常用的兽药外，还涉及不常用的兽药，甚至已淘汰的兽药或禁用的兽药，检验员一定要保证标准物质的溯源性，在检测结果可能引起行政处罚的检测中尤为注意。配制溶液应用检定过的移液管或经计量合格后准确无误的移液枪。

（五）线性范围

根据检测方法所规定的5~7个浓度点进行测定，满足定量（精密度和准确

度）的要求。看其相关系数是否符合要求，一般 R 不低于 0.9900。通过相关计算，确定最终被测物的浓度是否落在规定的线性范围之内。

（六）试剂空白

为确保实验过程中对所用试剂的控制，必须做试剂空白。除不加样品外，所有的试剂（包括内标）都必须参与前处理过程，确保试剂空白的峰面积在检测限以下，否则需更换试剂。

（七）做好质控

在空白样品的基础上进行加标。质控样品和待检样品必须同时按照样品检测步骤进行操作，得到检测方法的回收率。回收率的测定是对人员操作、方法、仪器及实验用品在内的整个测量系统的质量评价。如果回收率达不到要求，应查明原因（人员操作、方法、仪器、实验药品等），对存在问题进行纠正后重新进行检测实验。

（八）检测中消除基质效应

基质是指样本中除分析物以外的组成，基质往往对分析物的分析过程产生显著干扰，影响分析结果的准确性。在畜产品药残检测中，通常采用在筛选出的空白样品中加标做标曲，或加入内标的方法同待测样品一样进行前处理，以消除基质效应。

（九）规范样品进样顺序

为防止待测物衰减，在样品处理完之后应及时上机检测、处理数据。样品的进样顺序按照“溶剂—试剂空白—空白样品—标品—质控样品—溶剂—测试样品—标品—溶剂”为循环进行，也可根据实际情况安排。

（十）准确度的测定

有兽药残留限量的，准确度测定选择：1/2MRL（定量限）、MRL 和 2MRL 三个浓度点。每种组织做 5 个添加同一浓度及 1 个空白对照样品，要求每个样品的准确度在规定范围内，见表 3－5。

表 3-5　不同浓度对精密度的要求

浓度/（mg/kg）	变异系数 CV/%	
	批内	批间
100	1.5	2.3
10	7	11
1	11	16
0.1	17	26
0.01	21	32
0.001	30	45
0.0001	45	64
注：源于农业部兽药残留试验技术规范（试行）。		

第四节　微生物

一、检测前质量控制

（一）仪器设备

微生物实验室常用设备包括超净工作台、生物安全柜、电热恒温培养箱、隔水式恒温培养箱、生化培养箱、霉菌培养箱、厌氧培养箱、电热鼓风干燥箱、高压灭菌锅、电子天平、光学显微镜、恒温水浴锅、恒温振荡摇床、pH 计、电导率仪、浊度仪、离心机、冰箱、超低温冰箱、酶标仪、全自动微生物分析系统等。实验室应建立仪器档案，做到一机一档，实行仪器身份管理。使用前检查运行状态，日常严格执行仪器设备使用登记，出现问题，及时处理，确保仪器设备处于良好运行状态。

1. 超净工作台

水平流净化工作台工作区域，要求洁净度为 100 级。空气沉降 30 min，细菌数小于 1 CFU/皿；垂直流净化工作台，细菌数小于 0.49 CFU/皿。超净工作台运行检查频次为每月 1 次，主要做细菌沉降检测。超净工作台高效过滤膜一般为一年更换一次，并同时进行粒子与细菌沉降检测。

2. 生物安全柜

生物安全柜为负压过滤排风柜，防止操作者和环境暴露于实验过程中产生的生物气溶胶。生物安全柜分为三级：Ⅰ级生物安全柜、Ⅱ 级生物安全柜和Ⅲ

级生物安全柜。Ⅱ级生物安全柜是目前应用最为广泛的柜型，是有前窗操作口的安全柜，操作者可以通过前窗操作口在安全柜内进行操作，对操作过程中的人员、产品及环境进行保护。实验室参照 GB 50346—2011《生物安全实验室建筑技术规范》和 YY 0569—2011《Ⅱ级生物安全柜》定期对生物安全柜噪声、照度、洁净度尘埃粒子数、下降气流平均流速、流入气体平均流速等主要性能进行检查。

3. 电热鼓风干燥箱

电热鼓风干燥箱用于玻璃器皿、不锈钢器皿等灭菌，温度与精确度要求为 160 ℃±5 ℃或 180 ℃±5 ℃，灭菌时间前者为 2 h，后者为 1 h。电热鼓风干燥箱校准时间一般为一年一次，期间根据使用频次做好期间核查。

4. 生化培养箱

生化培养箱用于微生物的培养，不同微生物培养温度要求不同，应根据标准要求设置。生化培养箱校准时间一般为一年一次，使用的不同温度均应校准，期间根据使用频次做好期间核查。日常工作中，注意生化培养箱日常卫生维护、检查洁净度。

5. 高压灭菌锅

实验室采用生物指示菌法、化学变色纸片或高压灭菌锅温度计等方法对高压灭菌效果进行质量控制。高压灭菌锅需由专人按作业指导书操作，并做好每一次的作业记录。使用时，内置物品不能太多，单位体积内的内容物（每瓶内的培养基）不能太多。检测人员应记录高压灭菌锅日常工作情况，一般包含需要高压灭菌的材料、开始时间、压力/温度、取出时间、高压灭菌胶带的颜色变化。高压灭菌锅温度波动范围为 110 ℃、115 ℃或 121 ℃±2 ℃。如培养基通常采用高压湿热灭菌法，121 ℃ 灭菌 15 min，特殊培养基按其要求进行灭菌（如含糖培养基，115 ℃灭菌 20 min）。高压灭菌锅校准周期一般为半年。

6. 紫外线灯

紫外线灯一般采用仪器测试法和生物测试法进行质量控制。仪器测试法是通过专用仪器检测紫外灯管发射的紫外光强度。生物测试法是采用一定的菌培养物，经一定比例稀释，菌量控制在 200~250 个/0.5 mL，涂布平板在紫外灯光下照射，2 min，同时设置普通光源的对照组，后置 37 ℃ 48 h，计算其杀灭率。要求杀灭率达 99%。

7. 其他微生物检测仪器

全自动微生物分析系统、酶标仪等设备，工作中常用阳性对照检测其功能正常性。

（二）器皿和材料

用于微生物学检测的玻璃器皿和其他实验室材料应合理配置，正确使用，并保证其处于洁净和（或）无菌状态直至使用。

所有与微生物培养物（固体或液体培养物）接触的器具都应进行灭菌，检验用品应放置在特定容器内或用合适的材料（如专用包装纸、铝箔纸等）包裹或加塞，试管和瓶子要采用适当方式塞住，保证灭菌效果。使用适当浓度的化合物（如含氯产品、乙醇等）浸泡，去除玻璃器皿和其他实验室材料污物，并保证化学残留不影响微生物的生长。灭菌后的材料应与未灭菌的标识区分。

（三）设施与环境

1. 微生物实验室常规要求

微生物检验实验室在环境方面具有非常强的特殊性，同时它也是保证实验结果准确、科学的一个非常关键的环节。根据实验室所涉及微生物的种类按 GB 19489《实验室　生物安全通用要求》中的要求确定生物安全实验室等级，并满足该等级微生物检验的要求和生物安全要求。农产品微生物检测实验室一般要设置更衣室、准备室、灭菌室、培养室、洁净室、二级生物安全实验室、普通检测室等，要确保物品和人员分离。洁净室、二级生物安全实验室应按照 GB 19489 的规定建设，设有人流和物流通道，切实符合无回路的原则。各类实验室要具备微生物检验工作必备的条件，有检验检测设备以及辅助的设施等。微生物检验实验室内环境应监控，实验室和办公区需保持一定的距离。

2. 日常洁净维护与控制

微生物实验室室内空气消毒可通过开窗通风，自然换气，条件允许时采用排气扇机械通风。实验室地面消毒使用湿式拖扫。可用 0.2% ~ 0.5%的消毒剂喷洒或拖地，喷洒消毒剂，用量不得少于 100 mL/m^2。各实验室拖把应专用，污染区和清洁区不得混用。使用后，用上述消毒液浸泡 30 min，用水洗净，悬挂晾干，最好放在阳光下晾后备用。

实验室台面、桌椅、橱柜、运输工具、门把手、实验记录夹等物品的表面

可用有效氯浓度为0.1%～0.5%（1 g/L～0.5 g/L）的消毒剂喷洒、擦拭。当物体表面被明显污染时，应立即用有效氯浓度（5 g/L）的消毒剂喷洒覆盖于污染表面，使消毒剂浸没污染区域，作用30～60 min。

一般情况下，实验完成之后，要对实验室内进行深度洁净处理，每周要进行一次彻底的清洁，如果实验间隔时间较长，再使用时，要彻底连续清洁三次。

洁净室环境消毒有两种方法：一是紫外消毒的方法，二是臭氧消毒方法。紫外消毒方法的实施：在室温条件下，紫外灯（220 V，30 W）下方垂直位置1 m处253.7 nm应保证70 μW/cm^{2}以上紫外线辐射强度（低于此值应更换），紫外线灯的数量要适当，确保平均每立方米应不少于1.5 W。紫外线消毒时，无菌室内应保持清洁干燥。洁净室在无人条件下紫外线消毒30 min以上，当相对湿度大于60%时，应适当延长照射时间。消毒完成后，紫外灯关闭30 min以上后，人员方可进入室内作业。洁净室环境消毒的第二个方法是臭氧消毒方法：将无菌室封闭，室内无人时用浓度为20 mg/m^{3}的臭氧作用30 min以上，消毒完成后室内臭氧浓度在0.2 mg/m^{2}以下时方可进入室内作业。

3. 洁净室环境测试

（1）浮游菌测试和环境验证

根据GB/T 16293《医药工业洁净室（区）浮游菌的测试方法》规定对洁净室、无菌室或局部空气净化区域（洁净工作台）的浮游菌的测试和环境验证。该方法收集悬浮在空气中的活微生物粒子，通过专门的培养基，在适宜的生长条件下繁殖到可见的菌落数。通过单位体积空气中含浮游菌菌落数的多少，即计数浓度，单位为个/m^{3}或个/L来表示，以此方法来判定该洁净室的微生物浓度。

（2）沉降菌落测试和环境验证

根据GB/T 16294《医药工业洁净室（区）沉降菌的测试方法》规定对洁净室、无菌室或局部空气净化区域（洁净工作台）的沉降菌的测试和环境验证。该方法同样通过收集悬浮在空气中的活微生物粒子，通过专门的培养基（如PCA或孟加拉红琼脂培养基），在适宜的生长条件下繁殖到可见的菌落数。以规定时间内每个平板培养皿收集到空气中沉降菌的数目，以CFU/皿表示。以此方法来判定该洁净室的洁净度。

（3）空气悬浮粒子测试和环境验证

根据GB/T 16292《医药工业洁净室（区）悬浮粒子的测试方法》规定对洁净室、无菌室或局部空气净化区域（洁净工作台）的空气悬浮粒子的测试和环境验证。悬浮粒子是用于空气洁净度分级的空气悬浮粒子尺寸范围在 0.1~1000 μm 的固体和液体粒子，对于悬浮粒子计数测量仪，一个微粒球的面积或体积产生一个响应值，不同的响应值等价于不同的微粒直径。该方法采用计数浓度法，即通过测试界定环境内单位体积空气中含大于或等于某粒径的悬浮粒子数来评定洁净室的悬浮粒子洁净度级别。

（四）标准或质控菌株管理

1. 菌种的购买和验收

标准菌种应从专业的菌种保藏机构购买，并且要其能提供溯源性证明。标准或质控菌株主要来源有中国工业微生物菌种保藏管理中心（CICC）、中国医学微生物菌种保藏中心（CMCC）、美国典型微生物菌种保藏中心（ATCC）、中国普通微生物菌株保藏管理中心（CGMCC）、英国国立标准菌种保藏所（NCTC）等机构。购买的菌种应进行验收，主要检查外包装、数量及菌种外观。要求外观无破损，标识正确清楚，数量正确，有标准菌种编号和溯源性证明资料。验收菌种还包括技术性鉴定菌种，检查菌种与资料是否相符、菌种活力是否足够等。

2. 标准或质控菌株活化

（1）菌种概念

原代是指自权威菌种保藏中心购买回的原始冻干菌种或标准菌株。从其中（未经培养）转接出来并经过培养而得的菌种为第一代；从第一代转接出来并经过培养而得的菌种为第二代；每经过一次转接和培养即为一代，依此类推。标准菌种用适合的培养基制备菌悬液（如 TSB 添加 10%~15%甘油作为冷冻保护培养基），放置在不高于-70 ℃低温冷冻保存。工作菌种是指从保存菌种经过转接培养后，仅用于工作使用的标准菌株，根据 GB/T 27405—2008《实验室质量控制规范　食品微生物检测》规定配制与保存。

（2）菌种活化

菌株活化后、保存前，需要进行菌株验证，保证纯度，可通过观察菌落形态、革兰氏染色或用生化试验进行鉴定。标准菌株获得后，需要依据生产商指引进行菌种复苏（通常悬浮于营养肉汤中适宜时间进行复苏）。菌株活化注意培养温度和氧气条件，大多数微生物最适生长温度为 26~37 ℃；嗜冷微生物最适生长温度为 18~25 ℃，如耶尔森氏菌；嗜热微生物最适生长温度为 45~70 ℃，如嗜热脂肪芽孢杆菌。根据微生物生长氧气条件，可分为需氧培养、微需

氧培养和厌氧培养。

3. 菌种保存

将购回的原代菌种按其说明书或有关资料说明接种斜面试管若干支，并于相应的（见菌种说明书）温度培养，培养后2~8 ℃或-80 ℃保存。低温（2~8 ℃）条件下，霉菌保质期为3个月外，其余菌种保质期均为1个月。每次传代时挑取一环菌种，划线接种到普通营养琼脂平板，进行菌种鉴定。保存的菌种应有相应的标识，包括菌种名称首字母缩写、菌种编号、传代时间及代数等信息。

例如：金黄色葡萄球菌菌种标识（首字母缩写、菌种编号、传代时间及代数）

JP　ATCC6538 20160101 ①

JP　ATCC6538 20160201 ②

JP　ATCC6538 20160301 ③

JP　ATCC6538 20160401 ④

JP　ATCC6538 20160501 ⑤

4. 菌种的使用

当需要使用工作菌种时，从斜面保存菌种中挑取一支传代，培养后作为工作菌种使用，使用人须核对编号、传代次数、传代日期、所用培养基，应注意观察菌种形态，确定是否污染杂菌、退化、死亡，保证菌种的使用性能。工作菌种使用不能超过五代。

5. 菌种的销毁

当原代菌种、保存菌种、工作菌种打开或使用后，立即对其进行销毁，不作重复保存和使用。检测工作中产生的菌液也应立即进行销毁，不作重复保存和使用。废弃菌种、菌液进行销毁应监督，销毁方法为高压蒸汽灭菌（121 ℃，30 min），同时用化学指示胶带对灭菌效果进行验证。

6. 菌种保藏方法

（1）定期移植法

又称传代培养保藏法，包括斜面培养、穿刺培养、液体培养等。将菌种接种于适宜的培养基中，最适条件下培养，待生长充分后，于4~6 ℃进行保存并间隔一定时间进行移植培养的一种菌种保藏方法，具体参考SN/T 2632《微生物菌种常规保藏技术规程》。

（2）液体石蜡法

又称矿物油保藏法，定期移植保藏法的辅助方法。将菌种接种在适宜的斜面培养基上，在最适宜条件下培养至菌种长出健壮菌落后注入灭菌的液体石蜡，使其覆盖整个斜面，再直立放置于低温（4~6 ℃）干燥处进行保藏的一种菌种保藏方法。此方法适用于部分在有氧状态下生长良好的细菌、酵母、霉菌及放线菌，具体参考 SN/T 2632。

（3）瓷珠保藏法

将培养好的微生物细胞或孢子制成悬浮液，转入装有无菌多孔玻璃珠（或瓷珠）的无菌瓶中，使其吸附于玻璃珠表面，去除多余悬浮液，低温冷冻保存的一种菌种保藏方法。此方法适用于大多数微生物的保藏。具体参考 SN/T 2632。

（五）培养基和试剂

影响培养基和试剂质量的因素包括基础成分的质量、制备过程的控制、微生物污染的消除、包装和储存条件等因素。

1. 培养基验收

培养基的购买应有计划，实验室应保存有效的培养基目录清单，购入后对每批产品应记录接收日期，并检查有无产品合格证明、包装的完整性、产品的有效期等，并应按 GB 4789. 28《食品安全国家标准　食品微生物学检验　培养基和试剂的质量要求》进行质量验收，使用掌握先购先用的原则。

2. 培养基贮存

一般要求应严格按照供应商提供的贮存条件、有效期和使用方法进行培养基和试剂的保存和使用。日常通过观察粉末的流动性、均匀性、结块情况、色泽变化等判断培养基的质量的变化。若发现培养基受潮或物理性状发生明显改变则不应再使用。

3. 培养基的实验室制备

正确制备培养基是微生物检验的最基础步骤之一，使用商品化脱水合成培养基制备培养基时，应严格按照厂商提供的使用说明以及 GB 4789. 28 的要求配制，如重量（体积）、pH、制备日期、灭菌条件和操作步骤等；并记录相关信息，如培养基名称和类型及试剂级别、每个成分物质含量、制造商、批号、pH、培养基体积、无菌措施、配制日期、人员等，以便溯源。

实验用水的电导率在 25 ℃时不应超过 25 μS/cm（相当于电阻率≥0.4 MΩ·cm），除非另有规定要求。水的微生物污染不应超过 10^3 CFU/mL。应按 GB 4789.2，采用平板计数琼脂培养基，在 36 ℃±1 ℃培养 48 h±2 h 进行定期检查微生物污染。

4. 培养基使用注意事项

琼脂培养基融化。一般将培养基放到沸水浴中或采用有相同效果的方法（如高压锅中的层流蒸汽）使之融化。经过高压的培养基应尽量减少重新加热时间，融化后避免过度加热。融化后应短暂置于室温中（如 2 min）以避免玻璃瓶破碎。融化后的培养基放入 47～50 ℃的恒温水浴锅中冷却保温（可根据实际培养基凝固温度适当提高水浴锅温度），直至使用，培养基达到 47～50 ℃的时间与培养基的品种、体积、数量有关。融化后的培养基应尽快使用，放置时间一般不应超过 4 h。未用完的培养基不能重新凝固留待下次使用。敏感的培养基尤应注意，融化后保温时间应尽量缩短，如有特定要求可参考指定的标准。倾注到样品中的培养基温度应控制在 45 ℃左右。必要时，将培养基在使用前放到沸水浴或蒸汽浴中加热 15 min；加热时松开容器的盖子；加热后盖紧，并迅速冷却至使用温度（如 FT 培养基）。对热不稳定的添加成分应在培养基冷却至 47～50 ℃时再加入。无菌的添加成分在加入前应先放置到室温，避免冷的液体造成琼脂凝结或形成片状物。将加入添加成分的培养基缓慢充分混匀，尽快分装到待用的容器中。

培养基平板的制备和储存。倾注融化的培养基到平皿中，使之在平皿中形成厚度至少为 3 mm（直径 90 mm 的平皿，通常要加入 18～20 mL 琼脂培养基）。将平皿盖好皿盖后放到水平平面使琼脂冷却凝固。如果平板需储存，或者培养时间超过 48 h 或培养温度高于 40 ℃，则需要倾注更多的培养基。凝固后的培养基应立即使用或存放于暗处和（或）5 ℃±3 ℃冰箱的密封袋中，以防止培养基成分的改变。在平板底部或侧边做好标记，标记的内容包括名称、制备日期和（或）有效期。也可使用适宜的培养基编码系统进行标记。将倒好的平板放在密封的袋子中冷藏保存可延长储存期限。为了避免冷凝水的产生，平板应冷却后再装入袋中。储存前不要对培养基表面进行干燥处理。对于采用表面接种形式培养的固体培养基，应先对琼脂表面进行干燥：揭开平皿盖，将平板倒扣于烘箱或培养箱中（温度设为 25～50 ℃）；或放在有对流的无菌净化台中，直到培养基表面的水滴消失为止。注意不要过度干燥。商品化的平板琼脂培养基应按照厂商提供的说明使用。所有污染和未使用的培养基的弃置应采用安全的方式，并且要符合相关法律法规的规定。

二、检测过程质量控制

检测中，微生物检测人员无菌观念必须强而牢固，整个流程均应做到无菌操作，动作要迅速，从分离、纯化到接种，操作必须符合规范要求，防止样品受到二次污染。检测和结果判定必须遵循选择现行有效的国家标准方法，以追溯不准确不可靠数据的发生原因。

目前国内外食品微生物检测方法包括国家标准 GB 4789 系列、出入境检验检疫行业标准（SN）及国际标准化组织（International Organization for Standardization，ISO）、美国食品药品监督局（U.S. Food and Drug Administration，FDA）、美国官方分析化学师协会（Association of Official Agricultural Chemists，AOAC）、加拿大健康保护部（Canada Health Protection Branch，CHPB）等颁布的标准。

食品微生物学检测包括两类：一是食品安全指示菌检测，指示菌数量可间接表示食品腐败变质及劣坏程度，主要包括菌落总数、大肠菌群、霉菌、酵母等；二是致病菌检测，主要包括沙门氏菌、志贺氏菌、金黄色葡萄球菌、溶血性链球菌、副溶血性弧菌、蜡样芽孢杆菌、单核细胞增生李斯特氏菌等。

（一）食品安全指示菌检测

1. 菌落总数

细菌是在固体培养基上生长繁殖而形成的能被肉眼识别的生长物，它是由数以万计相同的细菌集合而成。当样品被稀释到一定程度，与培养基混合，在一定培养条件下，每个能够生长繁殖的细菌细胞都可以在平板上形成一个可见的菌落。厌氧或有特殊营养要求的以及非嗜中温的细菌，其生理需求难以满足，故难以繁殖生长。因此菌落总数并不表示实际中所有细菌总数，菌落总数测定也不能区分其中细菌的种类。菌落总数的测定是用来判断样品被细菌污染的程度及卫生质量，从而判断样品是否达到卫生要求，以便对被检样品做出卫生学评价。我国现行有效的菌落总数检测方法国家标准是 GB 4789.2—2016《食品安全国家标准　食品微生物学检验　菌落总数测定》。

2. 大肠菌群

大肠菌群分布较广，在动物粪便和自然界广泛存在。大肠菌群是指在一定

培养条件下能发酵乳糖、产酸产气的需氧和兼性厌氧革兰氏阴性无芽胞杆菌。大肠菌群是卫生细菌领域的用语，它不代表某一个或某一属细菌，而是指具有某些特性的一组与粪便污染有关的细菌。

大肠菌群计数是通过检索 MPN 表，报告每 g（mL）或 100 g（mL）样品中大肠菌群的最大可能数（MPN）。最大可能数（most probable number，MPN）是基于泊松分布的一种间接计数方法。大肠菌群是粪便污染的指标菌，以该菌群的检出情况来表示样品是否有粪便污染。大肠菌群 MPN 值的高低，表明粪便污染的程度。粪便内除了一般正常细菌，同时也会有一些肠道致病菌存在（如沙门氏菌和志贺氏菌等），样品中有粪便污染，即可以推测样品中存在肠道致病菌污染的可能性，因而对动物健康具有潜在的危险性。

现行有效的食品中大肠菌群检测方法国家标准是 GB 4789.3—2016《食品安全国家标准　食品微生物学检验　大肠菌群计数》。将试样稀释至适当浓度，采用月桂基硫酸盐胰蛋白胨培养液，在 36 ℃下培养 48 h，根据确证试验为大肠菌群阳性的管数，查出每 g（mL）或 100 g（mL）试样中大肠菌群的最大可能数（MPN）。

现行有效的饲料中大肠菌群检测方法是 GB/T 18869—2002《饲料中大肠菌群的测定》。将试样稀释至适当浓度，采用乳糖胆盐发酵培养液，在 36 ℃下培养 24 h，根据确证试验为大肠菌群阳性的管数，查出 100 g（mL）试样中大肠菌群的最大可能数（MPN）。

生活饮用水中总大肠菌群的检测方法是 GB/T 5750.12—2006《生活饮用水标准检验方法　微生物指标》。总大肠菌群是指在 37 ℃培养 24 h 能发酵乳糖、产酸产气、需氧或兼性厌氧的革兰氏阴性无芽孢杆菌。将试样稀释至适当浓度，采用乳糖蛋白胨培养液，在 36℃下培养 24 h，根据确证试验为大肠菌群阳性的管数，查出 100 mL 试样中大肠菌群的最大可能数（MPN）。

3. 霉菌

霉菌属于真核微生物，是某些丝状真菌的俗称，指在基质上长成具有绒毛状、棉絮状或蜘蛛网状的菌丝体的真菌，一般泛指毛霉、根霉、曲霉、青霉、镰刀菌等。霉菌产生的孢子可以较长时间存活于空气中，并通过空气传播给其他物质，因此霉菌无处不在。农产品或饲料在加工和储运过程极易受霉菌污染，一旦霉变，营养价值、适口性会降低或破坏，而且霉菌毒素产生会直接危害动物和人类的健康，甚至导致死亡。

我国现行有效的食品中霉菌检测方法国家标准是 GB 4789.15—2016《食品

安全国家标准　食品微生物学检验　霉菌和酵母计数》。本方法采用孟加拉红培养基，28 ℃培养，5 d后菌落计数。饲料中现行有效的霉菌的检测方法为GB/T 13092—2006《饲料中霉菌总数的测定》。本方法采用高盐察氏培养基，25～28 ℃培养，7 d后菌落计数。

4. 酵母菌

酵母菌是一群单细胞的真核微生物。酵母菌形态因种而异，通常为圆形、卵圆形或椭圆形，也有特殊形态，如柠檬形、三角形、藕节形、腊肠形、假菌丝等。我国现行有效的食品中霉菌检测方法国家标准是GB 4789. 15—2016。本方法当采用马铃薯葡萄糖琼脂（PDA），28 ℃培养48 h，酵母菌在培养基上生长成乳白色菌落，有突起；当采用孟加拉红培养基，28 ℃培养48 h，酵母菌在培养基上生长成红色菌落，有突起。

（二）致病菌检测

1. 传统致病菌检测方法

传统病原微生物学检测以染色、培养、生化鉴定等为主，将可疑菌落直接涂片染色镜检或接种在培养基上进行分离培养为实验室常用病原微生物鉴定方法。

（1）沙门氏菌检验

沙门氏菌属于肠杆菌科，是一个大群形态、生化性状及抗原构造相似的革兰氏阴性杆菌。沙门氏菌最适生长温度为35～37 ℃。现行有效常用沙门氏菌检测方法国家标准是GB 4789. 4—2016《食品安全国家标准　食品微生物学检验　沙门氏菌检验》。根据GB 4789. 4—2016，沙门氏菌需要两次增菌步骤，一是缓冲蛋白胨水（BPW）前增菌，二是四硫磺酸钠煌绿（TTB）增菌液和亚硒酸盐胱氨酸（SC）增菌液再次增菌。在通过亚硫酸铋（BS）琼脂和木糖赖氨酸脱氧胆盐（XLD）琼脂（HE琼脂、沙门氏菌属显色培养基）选择性分离。在BS琼脂培养基上，沙门氏菌菌落为黑色有金属光泽、棕褐色或灰色，菌落周围培养基可呈黑色或棕色；有些菌株形成灰绿色的菌落，周围培养基不变。在HE琼脂培养基上，沙门氏菌呈蓝绿色或蓝色，多数菌落中心黑色或几乎全黑色；有些菌株为黄色，中心黑色或几乎全黑色。在XLD琼脂培养基上，沙门氏菌菌落呈粉红色，带或不带黑色中心，有些菌株可呈现大的带光泽的黑色中心，或呈现全部黑色的菌落；有些菌株为黄色菌落，带或不带黑色中心。

如有可疑沙门氏菌菌落，可选择生化鉴定试剂盒或全自动微生物生化鉴定

系统进行鉴定。沙门氏菌检测过程中同样遵循无菌操作，增菌液的准备和微生物的接种严格按照标准执行，可疑菌落的判定可通过接种阳性沙门氏菌到选择性培养基上作为参照。

（2）志贺氏菌检验

志贺氏菌属于肠杆菌科，为革兰氏阴性菌，需氧或兼性厌氧，营养要求不高，能在普通培养基上生长，最适温度为 37 ℃。现行有效常用志贺氏菌检测方法国家标准是 GB 4789.5—2012《食品安全国家标准　食品微生物学检验　志贺氏菌检验》。根据 GB 4789.5—2012，志贺氏菌增菌肉汤为增菌剂，于 XLD 琼脂平板和 MAC 琼脂平板或志贺氏菌显色培养基平板进行分离培养。志贺氏菌在 XLD 琼脂平板呈粉红色至无色，半透明、光滑、湿润、圆形、边缘整齐或不齐；在 MAC 琼脂平板呈无色至浅粉红色，半透明、光滑、湿润、圆形、边缘整齐或不齐；在志贺氏菌显色培养基平板特征需根据显色培养基的说明进行判定。可疑菌落通过分别接种 TSI、半固体和营养琼脂斜面各一管，置 36 ℃±1 ℃培养 20 ~24 h，分别观察结果。凡是三糖铁琼脂中斜面产碱、底层产酸（发酵葡萄糖，不发酵乳糖、蔗糖）、不产气（福氏志贺氏菌 6 型可产生少量气体）、不产硫化氢、半固体管中无动力的菌株，挑取已培养的营养琼脂斜面上生长的菌苔，进行生化实验和血清学分型。

（3）金黄色葡萄球菌检验

金黄色葡萄球菌属于葡萄球菌属，典型的金黄色葡萄球菌为球形，显微镜下排列成葡萄串状，为革兰氏阳性菌。金黄色葡萄球菌最适生长温度为 37 ℃，最适 pH 7.4，需氧或兼性厌氧微生物，具有高度的耐盐性，在自然界中无处不在。现行有效常用金黄色葡萄球菌检测方法国家标准是 GB 4789.10—2016《食品安全国家标准　食品微生物学检验　金黄色葡萄球菌检验》。根据 GB 4789.10—2016，金黄色葡萄球菌检测方法分为金黄色葡萄球菌定性检验和金黄色葡萄球菌平板计数法。金黄色葡萄球菌定性检验通过 7.5%氯化钠肉汤进行增菌实验，血平板和 Baird - Parker（BP）琼脂平板来进行选择性分离，可疑菌落可通过涂片染色、观察溶血和血浆凝固酶试验进行定性判定。金黄色葡萄球菌在 Baird - Parker 平板上，菌落直径为 2~3 mm，颜色呈灰色到黑色，边缘为淡色，周围为一混浊带，在其外层有一透明圈。用接种针接触菌落有似奶油至树胶样的硬度，偶然会遇到非脂肪溶解的类似菌落；但无混浊带及透明圈。长期保存的冷冻或干燥食品中所分离的菌落比典型菌落所产生的黑色较淡些，外观可能粗糙并干燥。在血平板上，形成菌落较大，圆形、光滑凸起、湿润、金黄色（有时为白色），菌落周围可见完全透明溶血圈。金黄色葡萄球菌平板计数法通过选择适宜稀释度的样品均液，接种 Baird - Parker（BP）琼脂平板，进行计数和鉴定试验。

金黄色葡萄球菌检测过程中遵循无菌操作，认真检查商品用琼脂平板的保质期和质量状态，BP 琼脂平板制作时，注意培养基温度和添加剂的量，小心操作防止培养基凝固，干扰可疑菌落的识别。

（4）β 型溶血性链球菌检验

β 型溶血性链球菌属于链球菌属，根据溶血作用和链球菌在血液琼脂平板上的菌落周围溶血情况而分类为 β 型溶血性，即在菌落周围形成完全透明的溶血环，血细胞完全溶解。现行有效常用 β 型溶血性链球菌检测方法国家标准是 GB 4789.11—2014《食品安全国家标准　食品微生物学检验　β 型溶血性链球菌检验》。根据 GB 4789.11，改良胰蛋白胨大豆肉汤为增菌剂，将增菌液划线接种于哥伦比亚 CNA 血琼脂平板进行分离，36 ℃±1 ℃厌氧培养 18 ~24 h，观察菌落形态。溶血性链球菌在哥伦比亚 CNA 血琼脂平板上的典型菌落形态为直径约 2~3 mm，灰白色、半透明、光滑、表面凸起、圆形、边缘整齐，并产生 β 型溶血。分纯培养采哥伦比亚血琼脂平板和 TSB 增菌液。革兰氏染色镜检，β 型溶血性链球菌为革兰氏染色阳性，球形或卵圆形，常排列成短链状。

（5）副溶血性弧菌的检验

副溶血性弧菌为革兰氏阴性、氧化酶阳性、杆状或弯曲杆状的兼性厌氧细菌。该菌有嗜盐性，在培养基中以含 3.5% 氯化钠最为适宜，无盐则不能生长，但当氯化钠浓度高于 8%时也不能生长，最适 pH 7.7~8.0 。现行有效常用副溶血性弧菌检测方法国家标准是 GB 4789.7—2013《食品安全国家标准　食品微生物学检验　副溶血性弧菌检验》。根据 GB 4789.7，样品制备要求严格，非冷冻样品采集后应立即置 7 ~ 10 ℃冰箱保存，尽可能及早检验；冷冻样品应在 45 ℃以下不超过 15 min 或在 2~5 ℃不超过 18 h 解冻。鱼类和头足类动物取表面组织、肠或鳃。贝类取全部内容物，包括贝肉和体液；甲壳类取整个动物，或者动物的中心部分，包括肠和鳃。如为带壳贝类或甲壳类，则应先在自来水中洗刷外壳并甩干表面水分，然后以无菌操作打开外壳，按上述要求取相应部分。

根据 GB 4789.7—2013，样品通过 3%氯化钠碱性蛋白胨水为增菌，在通过硫代硫酸盐-柠檬酸盐-胆盐-蔗糖（TCBS）琼脂或弧菌显色培养基选型性分离，菌落在 TCBS 上呈圆形、半透明、表面光滑的绿色菌落，用接种环轻触，有类

似口香糖的质感，直径2~3 mm。从培养箱取出TCBS平板后，应尽快（不超过1 h）挑取菌落或标记要挑取的菌落。典型的副溶血性弧菌在弧菌显色培养基上的特征按照产品说明进行判定。可疑菌落可选择生化鉴定试剂盒或全自动微生物生化鉴定系统。

（6）蜡样芽孢杆菌检验

蜡样芽孢杆菌革兰氏阳性大杆菌，兼性需氧，形成芽孢。在营养琼脂上，蜡样芽孢杆菌生成的菌落较大，灰白色，不透明，表明粗糙，边缘呈扩展状，似融蜡状。现行有效常用蜡样芽孢杆菌检测方法国家标准是GB 4789.14—2014《食品安全国家标准　食品微生物学检验　蜡样芽孢杆菌检验》。根据GB 4789.14—2014，采用甘露醇卵黄多黏菌素（MYP）琼脂对蜡样芽孢杆菌进行分离，此步骤涉及涂布操作，注意无菌L棒不要触及平板边缘。使用前，如MYP琼脂平板表面有水珠，可放在25~50 ℃的培养箱里干燥，直到平板表面的水珠消失，否则影响菌落的形态，导致无法计数。在MYP琼脂平板上，典型菌落为微粉红色（表示不发酵甘露醇），周围有白色至淡粉红色沉淀环（表示产卵磷脂酶）。

（7）单核细胞增生李斯特氏菌检验

单核细胞增生李斯特氏菌属于李斯特氏菌，为革兰氏阳性短小杆菌，直或稍弯，两端钝圆，常呈V字形或成双排列，偶尔可见双球状。该菌为兼性厌氧菌，不产生芽孢，一般不形成夹膜，对营养要求不高，在普通培养基上能生长，但在含血液、血清的培养基上生长更好。最适培养温度为30~37 ℃。在20~25 ℃培养有动力，穿刺培养2~5 d可见倒立伞状生长。该菌在4 ℃的环境中仍可生长繁殖，是冷藏食品威胁人类健康的主要病原菌之一，因此也称作嗜冷菌。现行有效常用单核细胞增生李斯特氏菌检测方法国家标准是GB 4789.30—2016《食品安全国家标准　食品微生物学检验　单核细胞增生李斯特氏菌检验》。根据GB 4789.30—2016，单核细胞增生李斯特氏菌检测方法分为单核细胞增生李斯特氏菌定性检验和单核细胞增生李斯特氏菌平板计数法。单核细胞增生李斯特氏菌定性检验通过LB_1和LB_2增菌液两次增菌后，接种PALCAM琼脂，分离培养。典型菌落在PALCAM琼脂平板上为小的圆形绿色菌落，周围有棕黑色水解圈，有些菌落有黑色凹陷；在李斯特氏菌显色平板上的菌落特征，参照产品说明进行判定。单核细胞增生李斯特氏菌平板计数法通过选择适宜稀释度的样品匀液，接种李斯特氏菌显色平板进行计数和确证试验。

2. 血清学与免疫学检测

血清学检测是通过已知的抗体或抗原来检测病原体的抗原或抗体从而对病

原体进行快速鉴定的技术，简化了鉴定步骤，常用的方法包括血清凝集技术、乳胶凝集实验、荧光抗体检测技术、协同凝集试验、酶联免疫测试技术等。酶联免疫技术的应用大大提高了血清学检测的敏感性和特异性，不仅可检测样本中病原体抗原，也可检测机体的抗体成分。

3. 基因检测

PCR 技术聚合酶链反应（Polymerase Chain Reaction，PCR）是一种在体外使用已知寡核苷酸引物引导未知片段中微量待测基因片段并进行扩增的技术。由于 PCR 可以对待测基因进行扩增，特别适用于病原体感染早期的诊断，但是如果引物特异性不强，可能会造成假阳性的出现。

PCR 技术在近 20 年里发展迅速，多重 PCR 和实时荧光定量 PCR 技术也得到了快速发展。多重 PCR 是在同一 PCR 反应体系里加上两对以上引物，可同时扩增出多个核酸片段，适合大量样本的分析与鉴定。多重 PCR 具有高效性、系统性、经济简便性。实时荧光定量 PCR，在 PCR 反应体系中加入荧光基团，利用荧光信号积累实时监测整个 PCR 进程。具有高度灵敏、高度特异、有效解决 PCR 污染问题、自动化程度高等特点。

无论是定性或定量 PCR 检测，检测时需要设立阳性目标 DNA 对照、阴性目标 DNA 对照、试剂空白对照和提取空白对照，必要时可设立 PCR 抑制剂对照。

4. 质谱技术

自 20 世纪 80 年代初，基质辅助激光解吸电离飞行时间质谱（matrix assisted laser desorption ionization - time of flight mass spectrometry，MALDI - TOF - MS）技术就已经成为一个用于研究与分析蛋白质特征的有利工具，以其操作简便、自动化、快速、高通量等优势受到青睐，成为了一种新的微生物鉴定方法。然而由于仪器昂贵，一次性投入成本高，MALDI - TOF - MS 在微生物实验室的应用尚未普及，但是 MALDI - TOF - MS 质谱技术以其固有的优势，将会迅速发展，并预计在将来彻底改变微生物实验室的面貌。

MALDI - TOF - MS 分析法是通过对被测样品离子质荷比的测定来进行分析的一种分析方法，其基本原理是使样品中的分析物在离子源中发生电离，生成不同质荷比的带电荷的离子，经加速电场的作用，形成离子束，进入质量分析器。质量分析器将同时进入其中的不同质量的离子按质荷比大小分离。分离后的离子依次进入离子检测器，采集放大离子信号，经计算机处理，绘制成质谱图。这些原理使 MALDI - TOF - MS 能完成多种成分（包括蛋白质、脂类、脂多

糖和脂寡糖、DNA、多肽及其他能被离子化的分子）的分析。同时具有样本制备方便、实验操作简单、数据库可不断扩展等优点，可实现样本微量化、高通量检测和结果自动分析，检测过程从上样到结果报告可在数分钟内完成。

（三）不同类别农产品中微生物检测

1. 鲜切果蔬微生物检测

鲜切果蔬因具有较高的含水量，再加上较大的切割表面，极易引起病原微生物污染。目前，鲜切果蔬病原微生物的检测主要依据国家标准 GB 4789 系列。鲜切果蔬检测的病原微生物包括大肠杆菌 O157：H7、沙门氏菌、志贺氏菌、单增李斯特氏菌。检测方法分别参照 GB/T 4789.36《食品安全国家标准　食品微生物学检验　大肠埃希氏菌 O157：H7/NM 检验》、GB 4789.4、GB 4789.5、GB 4789.30。

大肠杆菌 O157：H7 是一种低剂量就能感染的食源性病原微生物，具有致病性。大肠杆菌 O157：H7 是肠出血性大肠杆菌的主要病原血清型，能够引起人的出血性腹泻和肠炎，且极易并发溶血性尿毒综合症和血栓性血小板减少性紫癜，严重时可致人死亡。大肠杆菌 O157：H7 即使是低剂量污染新鲜农产品，也可以使鲜切绿叶状蔬菜对人类造成严重的健康危害。

2. 食用菌产品微生物检测

食用菌产品在运输和贮藏过程中的微生物污染，也会影响到食用菌产品的安全性。根据 NY/T 749—2012《绿色食品　食用菌》检测包括大肠菌群、沙门氏菌、志贺氏菌、金黄色葡萄球菌、霉菌和酵母菌计数，具体检测方法分别参照 GB 4789.3、GB 4789.4、GB 4789.5、GB 4789.10、GB 4789.15。

3. 茶叶产品微生物检测

目前茶叶产品微生物没有相应的检测方法，只在 GB/T 22111—2008《地理标志产品　普洱茶》中安全性指标包括对大肠菌群和致病菌（沙门氏菌、志贺氏菌、金黄色葡萄球菌、溶血性链球菌）的限定，大肠菌群≤300 MPN/100 g，致病菌不得检出，具体检测方法参照国标 GB 4789 中相应检测标准。

4. 水产品微生物检测

水产品兼受海洋细菌和陆地上细菌的污染，检验时细菌培养温度为 30 ℃。根据 GB 4789.20—2003《食品卫生微生物学检验　水产食品检验》规定，水产品检测参数包括菌落总数、大肠菌群、沙门氏菌、志贺氏菌、副溶血性弧菌、金黄色葡萄球菌、霉菌和酵母计数检验，检测方法分别遵从 GB 4789. 2、GB 4789. 3、GB 4789. 4、GB 4789. 5、GB 4789. 7、GB 4789. 10、GB 4789. 15 国家标准规定。上述检测方法均以检验水产食品肌肉内细菌含量从而判断其鲜度为目的。如需检验水产品是否被污染某种致病菌时，可以取其他部位来检测。

5. 畜禽产品微生物检测

（1）鲜蛋

鲜蛋检测参数包括菌落总数、大肠菌群、沙门氏菌、志贺氏菌等，具体检测方法参照 GB 4789。蛋壳检测，以无菌生理盐水擦拭液为检样；鲜蛋液检测时，注意蛋壳需清洗并用 75%酒精棉消毒，打开蛋壳，取出蛋白、蛋黄或全蛋液，放入培养基内，混匀待检。

（2）生鲜乳

生鲜乳中微生物指标菌检测包括菌落总数、大肠菌群、霉菌和酵母计数，分别按 GB 4789. 2、GB 4789. 3、GB 4789. 15 执行；致病菌检验包括沙门氏菌、金黄色葡萄球菌、单核细胞增生李斯特氏菌、阪崎肠杆菌检验分别按 GB 4789. 4、GB 4789. 10、GB 4789. 30 和 GB 4789. 40《食品安全国家标准　食品微生物学检验　克罗诺杆菌属（阪崎肠杆菌）检验》执行。双歧杆菌和乳酸菌检验分别按 GB 4789. 34《食品安全国家标准　食品微生物学检验　双歧杆菌检验》、GB 4789. 35《食品安全国家标准　食品微生物学检验　乳酸菌检验》执行。生鲜样品应充分搅拌混匀，混匀后应立即取样检测。

（3）蜂蜜

蜂蜜微生物检测参数包括菌落总数（GB 4789. 2）、大肠菌群（GB 4789. 3）、霉菌计数（GB 4789. 15）、嗜渗酵母计数（GB 14963—2011《食品安全国家标准　蜂蜜》附录 A）、沙门氏菌（GB 4789. 4）、志贺氏菌（GB 4789. 5）、金黄色葡萄球菌（GB 4789. 10）。蜂蜜中微生物限量应符合GB 14963—2011 表 3 规定。蜂蜜黏着度较大，称样时注意样品的准确性和均匀性。

6. 饲料微生物检测

饲料中检测的微生物参数包括菌落总数（GB/T 13093《饲料中细菌总数的测定》）、大肠菌群（GB/T 18869）、霉菌（GB/T 13092）、沙门氏菌（GB/T 13091《饲料中沙门氏菌的检测方法》）和志贺氏菌（GB/T 8381. 2《饲料中志贺氏菌的检测方法》）检测。饲料一般吸水性较强，残渣较多，影响准确移取样液。实际操作过程中，可以采用带滤网的无菌均纸袋，帮助过滤样液。还可以割掉移液管的吸头，采用差量法来吸取样液。

7. 环境微生物检测

（1）水质微生物检测

根据 GB/T 5750.12，生活饮用水一般检测菌落总数、总大肠菌群、耐热大肠菌群、大肠埃希氏菌。总大肠菌群和耐热大肠菌群采用多管发酵法。SL 355《水质　粪大肠菌群的测定》适用于地表水、地下水和生化饮用水，特别是浑浊度较高的水中粪大肠菌群测定。比较浑浊的水样，操作时同样遵从无菌操作，注意稀释度的选择，最后结果需满足相关水质的判定要求。

（2）土壤微生物检测

土壤微生物检测现在还没有国家标准可以参考，目前只在科研文献或书籍中介绍土壤菌落总数采用牛肉膏蛋白胨琼脂培养基来测定；牛肉膏蛋白胨琼脂培养基、孟加拉红琼脂培养基分别培养细菌、放线菌、真菌，一般采用稀释平板培养法测定。

第五节　生物毒素

生物毒素种类繁多，污染多种农畜产品，严重影响农产品质量安全，威胁人畜健康，建立准确的检测方法体系对评估生物毒素安全、保障我国食品安全有着重要意义。目前比较受关注的生物毒素主要包括呕吐毒素、玉米赤霉烯酮、黄曲霉毒素及其同系物、赭曲霉毒素 A、贝类毒素及河豚毒素。为保障上述生物毒素检验结果的可靠性，拟从以下几个方面加强质量控制。

一、前处理过程质量控制

生物毒素有些是水溶性的，有些是脂溶性的，其污染范围也很广，包括谷物及其制品、花生、水产品、动物组织等，因此有效的前处理方法可以提高提取效率，减少基质效应，从而保证检测结果的准确性，控制好前处理方法的质量对保障整个检测中的质量控制具有重要意义。

（一）样品制备

检测真菌毒素的样品按照国家标准 GB/T 5491—1985《粮食、油料检验　扦样、分样法》中的分样方法，采用四分法或分样器法将谷物及油料样品缩分至不少于 1000 g，装入洁净的容器内，密封并标明标记。制样一定要均匀，要确保样品的均一度。

检测黄曲霉毒素的样品，因有毒霉粒的比例较小，分布不均。为避免取样带来的误差，应大量取样，并将大量试样粉碎，混合均匀。

对局部发霉变质的试样检验时，应单独取样。每份分析测定用的试样应从大样经粗碎与连续多次用四分法缩减直至 1000 g，全部粉碎制样。粮食样品经粉碎机粉碎，全部通过 2 mm 孔径的分析筛，混匀。花生试样在切片机中切片至 0.5 mm 左右，再经粉碎机粉碎，全部通过 0.42 mm 孔径的分析筛，混匀。

水产品有毒有害物质残留限量中对水产品部位有特别限定的，按照限定部位进行取样。在制样的操作过程中，应防止样品污染或发生残留物含量的变化。

河豚毒素样品应从所取样品中取出有代表性样品的可食用部分不低于 500 g，采样时应避免直接接触或者误食，相关的容器皿和器具可以采用 4%碳酸钠溶液浸泡加热做去毒处理。贝类毒素的样品要有充分代表性，应从足量（2000 g 以上）的混合样品中挑选良好的贝类去壳，用于分析的去壳肉量应达 200 g 以上。不能及时送检的新鲜贝类，按照 GB/T 5009.213—2016《食品安全国家标准　贝类中麻痹性贝类毒素的测定》方法将贝肉分离，将沥水后的 200 g 贝肉放入 0.18 mol/L、200 mL 的盐酸溶液中，置 4 ℃冷藏保存，备检。为避免毒素的危害，应戴手套进行检验操作，移液管等用过的器材应在 5%的次氯酸钠溶液中浸泡 1 h 以上；废弃的提取液等也应用 5%的次氯酸钠溶液处理。贝类毒素检测样品制样时严禁以加热或药物方法开壳，注意不要破坏闭壳肌以外的组织，尤其是中肠腺（又称消化盲囊，组织呈暗绿色或褐绿色）。对于可以切取中肠腺的贝类，仔细切取全部中肠腺，将中肠腺称重后作为检样备用，注意不要使中肠腺内容物污染制样工具；不便切取中肠腺的贝类样品，将全部贝肉细切后组织匀浆，作为检样。

（二）样品保存

真菌毒素：聚乙烯自封袋，4 ℃下避光保存（SN/T 3136—2012《出口花生、谷类及其制品中黄曲霉毒素、赭曲霉毒素、伏马素毒 B_1、脱氧雪腐镰刀菌烯醇、T-2 毒素、HT-2 毒素的测定》），保存不超过 3 个月。

河豚毒素：玻璃容器，-20 ℃避光保存，不长于 3 个月；新鲜或者冷冻样品 4 ℃下保存不超过 72 h。

贝类毒素：玻璃容器，-20 ℃下避光保存，不长于 3 个月。

对检测黄曲霉毒素的产品，如稻谷、玉米、小麦、大麦、花生、无花果、

树坚果等，应确保样品水分降至安全水分。如花生果低于 10%，花生仁低于 9%；小麦低于 13%；玉米和稻谷等低于 14%。对检测赭曲霉毒素 A 的产品，如谷物和豆类，应当确保样品水分低于 14%。

（三）提取

呕吐毒素：按照上述样品制备方法取合适制样 25.0 g 于均质杯中，加入 5 g 聚乙二醇 8000 和 100 mL 乙腈：水（84：16），高速均质，静置 10 min 过滤，滤液待用（SN/T 1571—2005）。

玉米赤霉烯酮：按照上述样品制备方法取合适制样 40.0 g 于 250 mL 具塞锥形瓶中，加入 4 g 氯化钠和 100 mL 乙腈：水（9：1），以均质器高速搅拌提取 2 min，定性滤纸过滤，取 10.0 mL 滤液并加入 40.0 mL 水稀释混匀，过玻璃纤维滤纸，至澄清后待用。

黄曲霉毒素：按照上述样品制备方法取合适制样 25.0 g 于 250 mL 具塞锥形瓶中，加入 5.0 g 氯化钠及甲醇：水（7：3）至 125.0 mL，以均质器高速搅拌提取 2 min。定量滤纸过滤，准确移取 15.0 mL 滤液并加入 30.0 mL 水稀释，用玻璃纤维滤纸过滤 1~2 次，至滤液澄清，待用。

赭曲霉毒素 A：取制样 50.0 g 于均质器中，加入 5.0 g 氯化钠和 100.0 mL 乙腈：水=6：4（体积比），高速搅拌提取 3 min，过滤，收集滤液，待用。

河豚毒素：取 5.0 g 制样置于 50 mL 聚丙烯离心管中，加入 20 mL 1%乙酸甲醇溶液，振荡 2 min，50℃水浴超声提取 20 min，离心取上清，残渣重复提取，合并上清液，旋转蒸发浓缩至近干，以 2 mL 1%乙酸溶液溶解，低温高速离心，取上清液待用。

麻痹性贝类毒素：称取 5 g（精确至 0.01 g）试样于 50 mL 塑料离心管中，加入 5 mL 甲酸溶液（0.5%），涡旋混匀 1 min，超声提取 5 min，10000 r/min 离心 10 min，移出上清液至另一 50 mL 塑料离心管中，残渣中再加入 4.5 mL 甲酸溶液（0.5%）重复提取两次，合并上清液，用甲酸溶液（0.5%）定容至 15 mL。

腹泻性贝类毒素：将剪碎的试样均质，准确称取 2 g（精确至 0.01 g）于 50 mL 具塞离心管中，加入 9 mL 甲醇，涡旋混合 1 min，超声提取 10 min，8000 r/min 下离心 5 min，移出上清液于 20 mL 刻度玻璃管中。残渣中加入 9 mL 甲醇，重复提取一次，合并提取液，用甲醇定容至 20 mL。

失忆性贝类毒素：称取 5 g（精确至 0.01 g）试样于 50 mL 离心管中，加入 12 mL 甲醇溶液（50%），涡旋混合 1 min，超声提取 10 min，再涡旋混合 1 min，以 4000 r/min 离心 10 min，移出上清液。残渣再用 5 mL 甲醇溶液（50%）重复提取两次，合并上清液，以甲醇溶液（50%）定容至 25 mL，混匀。于-18 ℃放置 2 h 后，5 ℃下 10000 r/min 离心 15 min，上清液待净化。

神经性贝类毒素：取 100 g 试样到 500 mL 烧杯中，加入 5 g 氯化钠和 1 mL 浓盐酸。搅拌均匀。边搅拌边加热混合物至沸腾，文火煮 5 min，冷却至室温；将混合物移至 500 mL 离心管中，用 50 mL 乙醚冲洗烧杯，将冲洗液一同移到离心管中。向离心管中再加入 100 mL 乙醚，盖塞，充分振摇。6000 r/min 离心 15 min；离心后小心倒出醚层（上层）溶液至 1000 mL 分液漏斗中，用乙醚重复三次抽提离心管中的沉淀，三次抽提用总量为 250 mL 乙醚，转移醚层液体至分液漏斗中。轻轻振荡（不能生成乳浊液），静置分层后去除水层（下层）及贝肉碎片；将乙醚层移入 500 mL 的圆底烧瓶中，减压浓缩（旋转蒸发器，35 ℃±1 ℃）去除乙醚；用 1%吐温-60 生理盐水将浓缩物在刻度试管中稀释到 10 mL，充分振摇，制成均匀 NSP -1%吐温-60 生理盐水混悬液。此时 1 mL 液量相当于预先测定的 10 g 去壳贝肉的重量，以此悬浮液作为试验原液进行动物实验。

需要注意的是，在提取过程中，应保证样品呈现均匀分散的状态，无结块现象；还要防止样品的交叉污染，如 SPE 净化过程中，应保证固相萃取装置和氮吹针的认真清洁，氮吹时无气泡产生。

（四）净化

生物毒素的净化主要是通过免疫亲和柱和固相萃取柱达到去杂净化的目的。

免疫亲和柱：免疫亲和层析是以抗体为配基的一种亲和色谱，利用抗体具有的高亲和力、高专一性和可结合的特点，以及抗原抗体复合物在一定条件下能够可逆解离的特性进行色谱分离。该方法纯化、浓集效果好，与传统固相萃取技术相比，免疫亲和柱可在适当的缓冲液冲洗后再生重复使用，但该方法对抗体选择依赖性强，上样时要注意有机溶剂的浓度对柱效的影响，在毒素萃取净化时主要注意以下几点：（1）免疫亲和柱抗原抗体结合需要时间，抗原抗体结合的完整度直接影响实验结果，因此样品提取液过柱的流速应控制在 1 mL/min，约为 2~3 s/滴；（2）免疫亲和柱的冲洗一般以 PBS 来进行要比水冲洗效果更佳。

固相萃取柱：固相萃取主要依靠非极性、极性、离子、次级的相互作用完成目标化合物的保留、洗脱，从而实现样品的净化。由于绝大多数有机化合物分子均含有或多或少的非极性基团，非极性相互作用会使这些化合物保留在含

有非极性官能团的吸附剂上。通过非极性相互作用保留目标化合物（即反相固相萃取），极性溶剂能够增强分离物的保留，如水，可选做样品溶剂和淋洗溶剂。固相萃取填料的基质以及表面基团的种类繁多，要依据毒素性质选择合适的种类。

净化过程中，样品的洗脱和溶解要充分。在利用 SPE 柱净化时，为充分洗脱目标物，可采用分体积多次洗脱的方式，必要时可使洗脱液在填料中浸泡 1~2 min；在采用同位素内标去除样品基质干扰，部分复杂基质的样品可采用同位素内标的方法去除基质干扰。

二、检测仪器设备质量控制

（一）液相色谱仪（配有荧光检测器）

使用液相色谱仪前，应先选择 0.22 μm 的滤膜，过滤流动相，对抽滤的流动相进行超声脱洗 10~20 min。如果有一段时间没用，或者换了新的流动相，需要先冲洗泵和进样阀。冲洗泵，直接在泵的出水口，用针头抽取。冲洗进样阀，在软件界面选择，冲洗时速度不宜超过 10 mL/min。泵正常工作时，在流动相和流速不变的前提下应该是稳定的，如果柱压升高一般都是由色谱柱长时间使用造成，建议更换色谱柱（出峰往往也不正常）。泵正常工作时，建议每 15 天向注油孔加润滑油 2~3 滴。流动相里面如果有盐或酸类，做完实验应用超纯水：甲醇（95：5，体积比）冲洗色谱柱 40 min 左右，再用纯甲醇冲洗 20 min 才可关机。仪器若长期不使用时一定要将滤头泡在甲醇里，半月开机一次。

荧光检测器是一种高灵敏度、有选择性的检测器，可检测能产生荧光的化合物。某些不发荧光的物质可通过化学衍生化生成荧光衍生物，再进行荧光检测。一般情况下荧光检测器的灵敏度比紫外检测器约高 2 个数量级。近年来，采用激光作为荧光检测器的光源而产生的激光诱导荧光检测器极大地增强了荧光检测的信噪比，因而具有很高的灵敏度，在痕量和超痕量分析中得到广泛应用。

黄曲霉毒素 B_2 和黄曲霉毒素 G_2 在荧光检测器上有很好的响应值，而黄曲霉毒素 B_1 和黄曲霉毒素 G_1 荧光遇水要猝灭，因此检测前需要衍生化。目前在 HPLC 中，以柱前衍生和柱后衍生法居多，柱前衍生过程繁琐，易影响定量的准确性，不太适合大量样品的连续自动化操作；柱后衍生操作简便，可连续反应以实现自动化分析，适用于大量样品的连续自动化操作。

（二）液相色谱-串联质谱（配电喷雾离子源）

电喷雾离子源利用电场产生带电液滴，经过去溶剂化过程最终产生被测离子，进入质谱分析。一般情况下，甲醇-水系统已能满足多数样品的分离要求，且流动相黏度小、价格低，是反相色谱最常用的流动相。但与甲醇相比，乙腈的溶剂强度较高且黏度较小，并可满足在紫外 185～205 nm 处检测的要求，因此，综合来看，乙腈-水系统要优于甲醇-水系统，特别是在做呕吐毒素检测时乙腈-水系统更有优势。

在液相色谱-串联质谱确证试验中，常采用基质标准工作液进行定性定量分析，每种毒素的质谱定性离子至少应包括一个母离子和两个子离子，并且同一批次检测，样品中待测物质的保留时间与标准溶液中对应的保留时间偏差应在±2.5%之内，且目标化合物的两个子离子的相对丰度比与浓度相当的标准溶液相比，若偏差不超过表 3－6 规定的范围，则可判定样品中存在对应的待测物。

表 3－6　离子丰度比对表

相对离子丰度/%	>50	>20～50	< 10～20	< 10
允许的相对偏差/%	±20	±25	±30	±50

基质效应是指检测系统检测样品中的分析物时，处于分析物周围的所有非分析物质对分析物参与反应的影响。通常我们采用稀释处理来降低基质效应对测定的影响，但背景噪声在降低的同时，待测毒素的响应也降低，因此在生物毒素的检测分析中为了克服基质效应常采用以下几种措施：（1）选用免疫亲和柱或者固相萃取的前处理方式；（2）采用反相色谱法分离，适当延长待测毒素的保留时间；（3）采用较低的流速和较少的进样量。

制样完成后应及时上机，并在上机前，确认样液无沉淀等杂质析出。若有沉淀析出，则需重新混匀，并过 0.22 μm 的滤膜后方可上机；上机时，每隔 10 个样品插入一个阳性质控样品，以保证仪器运行的稳定性。

第六节　转基因检测

一、实验室要求

转基因成分检测在实验室布局上应考虑检测活动各个关键环节处在相对独

立的区域，样品转流经过专用通道并遵循单向流动原则，以防止交叉污染。

转基因成分检测实验室，一般分为试剂贮存和准备区、样品制备区、PCR区、生物灭活区4个实验区。其中，试剂贮存和准备区应保持清洁干净，而且没有来自分子克隆和样品准备的污染源；样品制备区分为样品前处理、核酸蛋白提取纯化2个功能区；PCR区可分为体系配置、PCR反应、电泳分析3个功能区；生物灭活区用于对具有生物活性的材料进行灭活处理，防止转基因生物非法扩散。各区的工作服、实验用具和实验记录本等应区分标记，不能混用。各功能区可依据条件设置缓冲间，易污染关键点可放置通风橱或生物安全柜等，用于设置局部压差，防止造成实验环境污染，影响实验结果。

二、试剂贮存和准备

除另有规定，所有实验使用的试剂等级应为不含DNA和DNase的分析纯或生化试剂。关键试剂如：核酸提取试剂、RNase、蛋白酶K、*Taq*酶、各种限制性内切酶、引物、探针等，在使用前要进行质量检测。需冷冻条件贮存的试剂需按实验量进行分装，避免反复冻融。

三、样品制备

用于样品制备的器具在使用前应经过彻底清洗并消毒，单独使用，每处理完一个样品，应将工作区域收拾干净后方可处理下一个样品，防止交叉污染。制样人员需穿工作服，佩戴手套，一旦发现有样品沾染，要立即更换手套，防止样品污染。制样完毕后，及时清洁样品制备区。称取测试样品应加盖再移至样品核酸蛋白提取区。

（一）基于DNA检测方法的样品制备与前处理

固体颗粒样品（如水稻、玉米、大豆、小麦等）制备前，必要时对样品进行除水、除油、去壳等的处理。对于抽样数量大的样品，根据需要，对所抽取样品进行必要的混合和缩分。固体样品的制备应先粉碎或者用液氮磨至满足DNA提取的技术要求，一般颗粒直径大小在2 mm以下。

液态样品的制备宜用缓冲液或水充分混合，直至其中的DNA完全溶于缓冲液或水中为止。如面酱等黏稠状食品可直接用于DNA的提取。酱油、豆奶、番茄等液态加工品可取50 mL以上试样（根据不同样本和不同检测方法要求，可以适当增加样本量），经10000 *g*离心10 min，弃去上清液，保留沉淀用于DNA

的抽提；或者 80 ℃加热蒸发水分后，取干物质用于 DNA 提取；或者在冷冻干燥后，取干物质用于 DNA 提取。

油脂类液态试样不需要预处理。

（二）基于蛋白质的检测方法的样品制备与前处理（试纸条检测）

检测动物、植物、微生物中的外源基因表达的蛋白，首先将样本研磨后用样本缓冲液或蒸馏水抽提和稀释，混匀后静置，取上清液作为测试样品。依据试纸条测试方法说明进行检测，并以设置适宜的阳性对照，确认检测灵敏度是否达到实验室要求。

四、样本 DNA 提取与纯化

（一）DNA 的提取与纯化

固态样本和非油脂类液态样本经过前处理并充分混匀后，取 2 份相同的测试样进行 DNA 提取和纯化。为了检测在提取过程中可能存在的污染，应设置提取对照（提取空白对照），提取空白对照宜用缓冲液或者水代替样本。

（二）DNA 浓度和质量

DNA 质量可进行琼脂糖电泳法检测。琼脂糖电泳法可分析物理影响因素，如 DNA 降解程度、RNA 残留的存在和一些污染物。以紫外分光光度计对 DNA 溶液进行质量及浓度测定，当 DNA 溶液 OD_{260}/OD_{280} 值在 1.7~2.0 之间，符合检测要求；以 OD_{260} 值计算 DNA 浓度。也可进行样本内源参照基因的 PCR 扩增，来确认 DNA 质量是否符合 PCR 检测需求。

五、转基因生物中外源基因的检测

转基因产品 PCR 检测方法主要分为定性 PCR 检测方法和定量 PCR 检测方法。依据其检测靶标序列的不同可以分为物种特异性检测、筛选检测、载体结构特异性检测、品系特异性检测等四类，不同靶标均可进行定性 PCR 或定量 PCR 检测。

（一）定性 PCR 检测方法

定性 PCR 检测方法有常规 PCR、实时荧光 PCR。

检测时应设立阳性对照、阴性对照和空白对照，必要时可设立 PCR 抑制剂对照。定性 PCR 检测方法的检出限一般为 1 g/kg。

普通 PCR 试验过程中的 dNTP 的终浓度一般为 20~400 μmol/L，dNTP 浓度对 PCR 扩增有重要影响，浓度过高导致碱基错误掺入，产生非特异性扩增，因此保持试验中的 dNTP 在低浓度水平。缓冲液中的 Mg^{2+}浓度对 *Taq* 酶活性影响较大，同时影响 PCR 反应的退火温度、模板与引物链的解链温度、产物特异性以及引物二聚体的形成，一般反应体系中的 Mg^{2+} 浓度比 dNTP 浓度高 0.5~1.0 mmol/L。当目标产物未得到扩增时，可以适当增加 Mg^{2+}浓度，提高酶活性，一般 Mg^{2+}终浓度在 1~5 mmol/L 之间是允许的，Mg^{2+}浓度过高会出现非特异性扩增。普通 PCR 的 DNA 模板终浓度在 1~2 ng/μL 之间，因此提取的 DNA 浓度要合适，不要因为浓度过低产生假阴性，也不要因为浓度过高而产生非特异性扩增。一般用于 PCR 扩增的引物终浓度在 0.1~1.0 μmol/L 之间，适当提高引物浓度也可以提高产物的扩增效率，但是浓度过大会出现非特异扩增和引物二聚体，干扰目标产物的判断。

普通 PCR 检测产物经过琼脂糖凝胶电泳，分离目的条带，在凝胶成像仪器上利用紫外显色对目的条带和阳性对照进行比对分析。

实时荧光 PCR 检测 Taqman 探针检测方法是在普通 PCR 引物中间设计一条探针，探针两端分别连接荧光基团和猝灭基团，有目标片段的扩增时，由于探针的存在可以收集到荧光，通过扩增曲线和 Ct 值来进行结果判定。

（二）定量 PCR 检测方法

定量 PCR 检测，通常以 Taqman 探针方法进行相对定量。根据标准品种靶标序列拷贝数与 Ct 值之间的线性关系，绘制标准曲线。标准曲线的质量影响度量的不确定性。要求标准曲线的 $R^2 \geqslant 0.98$，标准曲线斜率$\geqslant -3.6$且$\leqslant -3.1$。标准曲线上的每个浓度应做 2 个平行（如 4 个浓度梯度，每个浓度梯度做 2 个平行）。检测时，分别针对靶标外源序列和内源参照序列，绘制标准曲线，并检测确定待测样品中靶标外源序列和内源参照序列拷贝数，计算外源序列和内源参照序列拷贝数比值来确定转基因样品的相对含量。

定量检测方法应有检出限和定量限。定量 PCR 检测方法的检出限一般不低于 5 拷贝，定量限一般不低于 100 拷贝。由于 PCR 反应是一个非常复杂的过程，涉及的因素很多，且相互影响。因此在实验中经常出现初次 PCR 达不到预期结果的现象，因此试验中经常需要优化 PCR 条件和体系来得到准确的实验结果。

（三）以蛋白质为基础的检测方法

蛋白质检测方法是检测转入外源基因的表达蛋白，适用于抗原性未被破坏的转基因产品。对外源蛋白进行定量检测，目前转基因检测方法主要有酶联免疫方法，首先将目标蛋白进行溶解或者固定，利用抗体与目标蛋白的特异性结合特性，通过偶联抗体与目标蛋白的复合物产生可检测的信号，使用与基质一致的标准品绘制标准曲线，对目标蛋白进行定量检测。使用试纸条对目标蛋白进行定性检测，外源蛋白特异结合的抗体上偶联显色剂，试纸条上有两个捕获区，一个捕获结合外源蛋白的抗体复合物作为检测线，另一个捕获显色剂作为质控线。试纸条上显示质控线一条条带时，为阴性；试纸条显示两条条带时，为阳性。试验过程中，设置阳性、阴性、空白对照。

用于酶联免疫的要将待测蛋白充分溶解。试纸条试验中，样品充分研磨，用水充分溶解后，将试纸条插入观察显色线的反应。

六、结果判定

定性 PCR 检测时应做平行实验，两份平行测试样品的结果应该保持一致。如果一个测试样品的结果为阳性而另外一个为阴性，应重复进行检测。可通过增加 PCR 反应中的 DNA 的模版量，使两份平行测试结果一致。

所检测目标片段出现扩增，且与阳性对照结果一致，阴性对照和空白没有扩增，结果判定为阳性。所检测目标片段未出现扩增，阳性对照有扩增，阴性和空白对照未扩增，结果判定为阴性。

定量检测时，两个重复的测试样品测试结果（转基因成分含量）的相对相差大于或等于 35%，测试结果应废弃，并应从制备测试样品开始重做实验。

七、样品的保存和处置

样品在测试前后应放置在密闭的容器内，防止交叉污染，样品应在保持组分不发生变化的条件下储存，盛装样品的容器或包装袋应为一次性使用的，以避免交叉污染。易腐烂的样品在分析前应根据需要在 4 ℃、-20 ℃、-80 ℃储存，如有特殊需要应在无氧条件下储存，应记载储存条件和时间。存查样品应妥善保存 6 个月，检测为 GMO 的样品应妥善保存一年，以备复检。

活性样品在丢弃前，必须进行高温高压或粉碎等灭活处理，以防基因扩散风险。

第四章 检测后质量控制

第一节　数据处理

一、有效数字和有效数位

有效数字：在测量和运算中得到的、具有实际意义的数值。有效数字其最后一位允许是可疑、不确定的，其余数字都必须是可靠的、准确的。所谓可疑数字，除另有说明外，一般可理解为该数字上有±1 单位的误差，或在其后一位的数字上有±5 单位的误差。

有效数字的位数（简称为有效位数）：指包括全部准确数字和一位可疑数字在内的所有数字的位数。

（一）有效数字的判断

（1）1~9 各个数字，无论在一个数值中的什么位置，都是有效数字。

（2）一个数值中的“0”是否为有效数字，有下列几种情况：一是“0”在数值的中间，是有效数字，因为它代表了该位数值的大小，如：12.01，3012，10.012；二是“0”在数值的前面，则都不是有效数字，因为这时 0 只起到定位的作用，并不代表量值的大小，如：0.24 g，0.0225；三是“0”在数值的后面，若属于规范的写法，则都应是有效数字。但由于一些习惯写法和不规范的写法，则需要具体分析：

1）当“0”在小数点后，都是有效数字，如：2.400，0.050 中 2.400 中 4 后面的两个 0 都是有效数字；0.050 中 5 后面的一个 0 也是有效数字。

2）当“0”在整数的尾部，是否为有效数字需要具体分析。如：24000，可能三个零都是有效的，记为 24000 是正确的，它是五位有效数字；若有两个零是无效的，应记为 240×10^2 或 2.40×10^4，它为三位有效数字；若三个零都是无效的，应记为 24×10^3 或 2.4×10^4，它为两位有效数字。

（二）有效数字运算规则

除有特殊规定外，一般可疑数表示末位 1 个单位的误差。复杂运算时，其中间过程多保留一位有效数，最后结果须取应有的位数。

（1）加减法计算的结果，其小数点以后保留的位数，应与参加运算各数中小数点后位数最少的相同。

（2）乘除法计算的结果，其有效数字保留的位数，应与参加运算各数中有效数字位数最少的相同。

（3）方法测定中按其仪器准确度确定了有效数字的位数后，先进行运算，运算后的数值再修约。

二、数字修约

实验室数字修约应遵循以下规则：

（1）在拟舍弃的数字中，若左边第一个数字小于 5（不包括 5）时，则舍去，即所拟保留的末位数字不变。例如：将 14.2432 修约到保留一位小数，修约后应为 14.2。

（2）在拟舍弃的数字中，若左边第一个数字大于 5（不包括 5）则进一，即所拟保留的末位数字加一。例如：将 26.4843 修约到只保留一位小数，修约后应为 26.5。

（3）在拟舍弃的数字中，若左边第一位数字等于 5，其右边的数字并非全部为零时，则进一，即所拟保留的末位数字加一。例如：将 1.0501 修约到只保留一位小数，修约后应为 1.1。

（4）在拟舍弃的数字中，若左边第一个数字等于 5，其右边的数字皆为零时，所拟保留的末位数字若为奇数则进一，若为偶数（包括“0”）则不进。例如：0.3500 修约后应为 0.4，0.4500 修约后也为 0.4。

（5）所拟舍弃的数字，若为两位以上数字时，不得连续进行多次修约，应根据所拟舍弃数字中左边第一个数字的大小，按上述规定一次修约出结果。例如：将 15.4546 修约成整数的正确做法是 15。

（6）其他说明：

实验室在数字修约过程中，如果涉及多部门数据修约，则检测人员先将获得的测定值按指定的修约位数多一位或几位报出，最后由其他部门进行判定，为避免连续修约的错误，应按下列步骤进行：

1）报出数值最右的非零数字为5时，应在数值后加（+）或（-）或不加符号，以分别表明已进行过舍、进或未舍未进；如：16.50（+）表示实际值大于16.50，经修约舍弃成为16.50；16.50（-）表示实际值小于16.50，经修约进一成为16.50。

2）如果判定报出值需要进行修约，当拟舍弃数字最左一位数字为5而后面无数字或皆为零时，数值后面有（+）者进一，数值后面有（-）者舍去。

如：将下列数字修约到十分位后进行判定（报出值多保留一位小数）

15.453（实测值）　15.45（+）（报出值）　15.5（修约值）

16.546（实测值）　16.55（-）（报出值）　16.5（修约值）

三、极限数值

极限数值的判定方法有两种：

（1）修约值比较法。将测定值或计算值进行修约，修约位数于标准规定的极限数值书写位数一致。修约按GB/T 8170进行。如：极限数值≤1.0，测定值为0.98，修约值为1.0。

（2）全数值比较法。将测定值或计算值不经修约处理（或可作修约，但应表明它是经舍、进或未进未舍而得），而用数值的全部数字与标准规定的极限数值进行比较，只要越出规定的极限数值（不论越出的程度大小），都判定为不符合标准要求。具体可以参考表4-1。

表4-1　极限数值修约示例

极限数值	测定值	表述值	是否符合标准要求
≥97.0	97.01	97.0（+）	符合
	96.98	97.0（-）	不符合
	96.94	96.9（-）	不符合
≤0.05	0.049	0.05（-）	符合
	0.051	0.05（+）	不符合
	0.050	0.05	符合
0.30~0.60	0.299	0.30（-）	不符合
	0.600	0.60	符合
	0.601	0.60（+）	不符合

对牵涉到安全性能指标和计量仪器中有误差传递的指标或其他重要指标，应优先采用全数值比较法；标准中各种极限数值（包括带有极限偏差值的数值）未加说明时，均指采用全数值比较法。

第二节　原始记录

原始记录是阐明所取得的结果或提供所完成活动的证据的一种文件，它为可追溯性提供文件及提供验证、预防措施、纠正措施的证据，是质量体系运行与完善的证据，也是检测工作可追溯性的依据。所以做好质量管理体系的记录工作是极为重要的。

一、种类

实验室的原始记录表格根据实验室管理体系中管理要素与技术要素将记录表格设计为管理记录和技术记录。

管理记录：在实验室体系运行过程中，由管理要素活动引发的行为，所需编辑设计的用于记录管理要素活动的记录表格。

技术记录：在实验室体系运行过程中，由技术要素活动引发的行为，所需编辑设计的用于记录技术要素活动的记录表格。

二、基本要求

原始记录必须要做到原始真实、完整准确、清晰明了。

原始真实是原始记录的基本属性，也是基本要求。原始意味着是源头，最直接的记录，是第一手的记录；真实要求如实的记载，客观的记录，不能够虚假和伪造原始记录。

完整准确是对原始记录内容的基本要求。完整要求原始记录的信息要齐全，应该包括检验过程的全部信息，具有可追溯性。准确包括过程描述准确、检验数据记录准确、文字表达或书写准确规范等，如：

检测原始记录：至少包括样品名称、样品编号、检测依据、检测日期、检测地点、环境因素、使用主要仪器设备和编号、检测仪器工作条件、标准工作溶液编号、检测过程与量值计算有关的读数、计算公式、精密度要求等。

原子吸收分光光度计检测仪器工作条件：波长、灯电流、狭缝宽度、干燥温度、灰化温度、原子化温度等信息。

标准工作溶液：至少包括吸取标准中间溶液的编号、标准中间溶液的质量浓度、吸取体积、定容的试剂名称、定容体积、定容后标准工作溶液的质量浓度、标准工作溶液的编号、有效期、配制人、配制日期等。

记录应清洁整齐，记录中的更改要保持原有的字迹可辨，不得涂抹更改等。

三、规范化要求

在原始记录中，检测原始记录存在的问题相对较多，尤其是在规范化填写方面。通常检测原始记录包括被检样品的检测条件、检测数据和测定结果等相关信息，涉及检测项目、量符号、单位符号、计算公式、表格、数据记录位数、结果表示等内容。

（一）样品名称

样品名称和样品编号是业务室和检测室记录衔接的重要内容，样品名称应按照标准写通用名，如使用别名应在通用名后注明。检测人员应该严格按照业务室下达的任务通知单上的样品名称和样品编号进行填写。经常有检测人员随意地将样品名称中“蔬菜”写成“农产品”，或者将“结球甘蓝”写成“圆白菜”；在样品编号方面，将多位数的样品编号删减，如将0264写成264，这些都是不规范的现象。

（二）量的表示

按照GB/T 3101—1993的规定，量=数值×单位。

量值的大小和单位的选择无关，单位变化时，只是数值发生变化，但量值不变。

原始记录的编制要符合我国法定计量单位的要求。用于定量描述物理现象的量为物理量。国家标准中所规定的量都是物理量。每一个量都有一个名称和特定的符号。国际单位制的基本单位见表4－2。

表4－2　SI基本单位

量		单　位	
名　称	符号	名　称	符号
长度（length）	l	米（metre）	m
质量（mass）	m	千克，（公斤）（kilogram）	kg
时间（time）	t	秒（second）	s
电流（electric current）	I	安［培］（ampere）	A

表续 4－2

量		单　位	
名　称	符 号	名　称	符 号
热力学温度（thermodynamic temperature）	T	开［尔文］（Kelvin）	K
物质的量（amount of substance）	n	摩［尔］（mole）	mol
发光强度（luminous intensity）	I_V	坎［德拉］（candela）	cd

除了国际单位制的基本单位以外，我国选定的非国际单位制的单位有 16 个，其中有 10 个是国际计量大会认可与 SI 并用，见表 4－3。

表 4－3　可与 SI 单位并用的我国法定计量单位

量的名称	量的符号	单位名称	单位符号
时间	t	分	min
		［小］时	h
		日，（天）	d
［平面］角		度	°
		［角］分	′
		［角］秒	″
体积	V	升	L，（l）
质量	m	吨	t
		原子质量单位	u
旋转速度		转每分	r/min
长度	l	海里	n mile
速度	v，μ，w	节	kn
能	E	电子伏	eV
级差		分贝	dB
线密度	ρ_l	特［克斯］	tex
面积		公顷	hm^2

注：1. 平面角单位度、分、秒的符号，在组合单位中应采用（°）、（′）、（″）的形式。例如，不用°/s 而用（°）/s。
2. 升的符号中，小写字母 l 为备用符号。
3. 公顷的国际通用符号为 ha。

量符号一律为斜体，且有大小写之分。每个量都有相应的单位，这些单位均为法定计量单位，均为正体。量的符号代表特定的量，单位符号也是特定的

表示，在原始记录中应该清晰地表示出来，包括符号的正体、斜体和大小写，切不可随意使用。如千克的符号为kg不应该写成Kg，pH不应写成PH，出现问题最多的是将量的符号写成正体，如质量“*m*”写成“m”，符号大小写不正确，如浓度用“C”表示，正确的应用“*c*”表示。

按照标准量=数值×单位，表示物理量的大小，应该是数值后面附单位符号，不应是附单位中文名称，且之间应留1/4字的空隙，但不得有任何表示相乘的符号。如称量“1 g”样品，不可写成“1克”，或“1×g”。表示物理量范围时，范围数值括号外加单位符号，或者以单一数值形式表示，范围上下限数值都附带单位符号，如28.4 ℃±0.2 ℃可写成（28.4±0.2）℃，不能写成28.4±0.2 ℃。

（三）数值的表示

原始记录中表格中要填写数值，数值要用量除以单位来表示，数值=量/单位。有两种表示方法，如钠谱线波长：

a. $\lambda/\mathrm{nm}=589.6$；　　　　b. $\{\lambda\}_{\mathrm{nm}}=589.6$

一般推荐用第一种方式a表示。像$\lambda_{(\mathrm{nm})}$，λ_{nm}，$\lambda,_{\mathrm{nm}}$等写法均不符合规定。

特别是在表格中，以往的写法往往不符合标准要求，见表4-4。

表4-4　国标标注法和习惯标注法的比较

项目	溶液体积	样品质量	溶液质量浓度	温度
国标标注法	V/mL	m/g	ρ/（g·L^{-1}）	t/℃
习惯标注法	V，mL V（mL）	m，g m（g）	ρ，g·L^{-1} ρ（g·L^{-1}）	℃

（四）单位的表示

给单位定义时可以涉及单位，但绝不可修饰单位。如将7.5 mL无水乙醇用水定容100 mL，不能表示成乙醇的浓度为7.5%（*V/V*），应表示成乙醇的体积分数$\varphi(C_2H_5OH)$ = 7.5%。乙醇的浓度为7.5%（*V/V*）这种表示法的错误在于把“%”作为单位使用（实际单位是一），并且在单位上又加上了*V/V*信息，对单位进行了修饰。

（五）数据的记录

数据不仅表示数值的大小，而且可以表示测定所用仪器的精度和方法的准确度。原始记录中数据的记录应符合相关的要求，充分考虑计量器具的精度、有效数字修约和运算规则、方法标准或产品标准的规定等。例如用万分之一天平称量时，应记录到小数点后 4 位，用 50 mL 滴定管滴定时，应记录到小数点后 2 位。要掌握各种量器的有效数位。

（六）计算公式

原始记录中的计算公式应严格按照国家标准规定填写，要求公式中只允许使用量的符号，不允许使用文字或单位符号。计算公式要使用量关系式，不要使用数值关系式。量关系式表示量之间的关系，与单位的选择无关。按国家标准规定，在量关系式中，不允许包含或暗含特定单位，如：

$$\text{干物（\%）}=\frac{\text{烘干后试样质量（g）}}{\text{试样质量（g）}}\times 100$$

在上述公式中的质量应用“m”表示，不能用量的名称“质量”表示。干物应用质量分数 w 表示，不能用“干物”表示，量上也不应注明单位 g。

正确的表达是：

$$w=\frac{m_1}{m_2}$$

式中：

w—— 试样中干物的含量，单位为克每百克（g/100 g）；

m_1——烘干后试样质量，单位为克（g）；

m_2——试样质量，单位为克（g）。

（七）检测值有效位数

按照标准规定填写检测值的有效位数。凡是涉及安全指标的，一般检测值有效位数比限量值有效位数多一位。由于限量值多为一位有效数字，因此检测值一般为两位有效数字，检测值大于 1 mg/kg 时，报三位有效数字。

（八）检测值的报出

当检测值小于方法检出限时报告为未检出，同时要将方法检出限写出；当检测值大于方法检出限且小于方法定量限时，报告为定性检出；当检测值大于方法定量限时，报告定量结果。

第三节　精密度计算

按照 GB/T 20001.4《标准编写规则　第 4 部分：试验方法标准》的规定，两次平行测定精密度的表示形式就有三种，即绝对项、相对项和重复性限，没有相对偏差。具体见 GB/T 20001.4—2015 附录 B。平行样相对误差（相对相差）实际就是用相对项表示的两次平行测定精密度。

目前理化检测方法规定的精密度都是用相对误差（相对相差）表示，即在重复性条件下获得的两次独立测试结果的绝对差值不大于这两个测定值的算术平均值的……%。农药残留检测的精密度用重复性限“*r*”表示，GB 23200 系列 106 个标准，对于不同含量的被测组分，规定了不同的精密度要求。

目前有些标准中的精密度用相对偏差表示是错误的。

一、相对偏差

相对偏差按式（4.1）进行计算：

$$X=\frac{X_i-\bar{X}}{\bar{X}}\times 100 \tag{4.1}$$

式中：

X——相对偏差，%；

X_i——某一次的测定值；

$\bar{X}$——测定值的平均值。

二、相对误差

相对误差按式（4.2）进行计算：

$$X=\frac{|X_1-X_2|}{\frac{(X_1+X_2)}{2}}\times 100 \tag{4.2}$$

式中：

X——相对误差，%；

X_1，X_2——两次独立测试结果。

三、标准偏差

（一）算术平均值

多次测定值的算术平均值可按式（4.3）计算。

$$\bar{X}=\frac{X_1+X_2+\cdots\cdots+X_n}{n}=\frac{\sum_{i=1}^{n}X_i}{n} \tag{4.3}$$

式中：

$\bar{X}$——n 次重复测定结果的算术平均值；

n——重复测定次数；

X_i——n 次测定中第 i 个测定值。

（二）标准偏差

标准偏差反映随机偏误差的大小，用 S 表示，按式（4.4）进行计算：

$$S=\sqrt{\frac{\sum_{i=1}^{n}(X_i-\bar{X})^2}{n-1}}=\sqrt{\frac{\sum_{i=1}^{n}X_i^2-\left(\sum_{i=1}^{n}X_i\right)^2\Big/n}{n-1}} \tag{4.4}$$

式中：

S——标准偏差；

$\bar{X}$——n 次重复测定结果的算术平均值；

n——重复测定次数；

X_i——n 次测定中第 i 个测定值。

四、相对标准偏差

相对标准偏差按式（4.5）进行计算。

$$\mathrm{RSD}=\frac{S}{\bar{X}}\times 100 \tag{4.5}$$

式中：

RSD——相对标准偏差；

S、$\bar{X}$——同式（4.4）。

第四节　检验报告

检验报告是实验室的工作成果，检验报告的质量是检验工作质量的综合反映。检验报告应做到完整、准确、清晰、结论正确，易于理解。

一、基本要求

（一）格式统一

检验报告的内容应依据检测的要求，包括检验结果相关的、必需的全部信息。如检验报告的标识、编号，样品状况，检测依据，检测的日期和场所，各项检测项目和检测数据，检测环境条件，检测结果的判定，报告的编制、审核、批准人等。

（二）编制和审批

检验报告通常是由业务办公室业务人员编制，经审核人员审核后，由实验室授权签字人批准。

（1）编制人员根据检测记录和编制检测报告的有关规定编制报告。应做到填写的项目齐全、准确、判定结论正确。

（2）校核人员检查检验报告填写的数据是否与检测原始记录相符，数据运算是否正确，检测的依据是否适用有效，环境条件是否满足要求，判定的结论是否正确。

（3）批准。对检验报告依据、判定结论的正确性进行核定后，予以批准。

（4）校核人、批准人发现报告有错误时，应通知报告的编制人员复查更正，更正后要重新履行审批手续。

（三）分包说明

检验报告中，如有分包给外部实验室进行的检测项目，其检测结果应注明分包实验室的名称或加以说明。

（四）报告的更改

对已发出的检验报告因故需要修改、更正时，应由原报告编制人员提出更改报告，按规定履行报告的审批手续，经批准将更正后的报告发至原报告的发放范围，同时收回原报告，作废处理。

（五）检验报告的印章

经过实验室资质认定和农业部机构考核的单位，其检查检验报告应加盖 CMA 和 CATL 标识，同时检验报告封面加盖机构公章或机构检验检测专用印章。检验结论加盖机构检验检测专用印章，并加盖骑缝章。

二、质控要求

影响检验报告质量的因素除了样品的采集、样品的处理、实验室内的检测外，主要还包括抽样单和委托协议书的录入，与企业和委托客户所提供的信息是否一致；选用的检验依据和检测依据标准是否准确；报告编制人对原始记录的收集汇总是否准确；选用的方法标准是否符合产品标准；编制完成的检验报告数据页中的样品编号与首页、原始记录的样品编号是否相符；报告审核人是否对原始记录中必有的项目进行检查核对；对数据页各项技术指标与限量值是否进行再审核和检验数据的评价等环节。

（一）编制过程的质量控制

一份合格检验报告的外观应该是打印清晰明确，字迹规整，页面规范整洁；报告内容应是填写全面完整，用户信息与抽样单或委托单一致，检验依据或检测依据与委托单、任务通知书和检测原始记录一致，数据与原始记录一致，数据的有效位数符合标准的要求，如果检测结果为“未检出”，应写出相应的方法检出限，使用法定计量单位，“以下空白”应封在检测值下方。委托检验的检验报告，在检验依据一栏不应填写检测依据。

（二）检验结论的科学规范

检验报告的结论是完成检验工作后的整体评价，是产品质量是否达标的依据，也是质量监督管理部门等执法部门审查和管理的依据，同时也是质量检验机构信誉的保障，更是消费者保护其权益的证明。因此，要做到科学有效、精确无误、权威公正，这是做好检验报告质量控制的关键。

应按照不同类型的检测工作填写检验结论，如委托检验，检验结论为“不做结论”；例行监测，检验结论为“所检项目合格率为 XX%”等。委托检验报

告的单项结论，如果客户没有要求，建议不做结论。

对检测报告的质量起决定作用的是人，即人的责任心问题。应把责任视为一种使命，要勇于承担责任，要不受任何外来因素的干扰，独立地开展各种性质的检验工作，对任何客户均持第三方立场，保持相同的工作质量。检验报告中的每一个数据，每一个结论都要经得起法律的检验，能保证检验报告的准确可信。

（三）检验报告的完整性

检验报告分正本和副本，正本发给客户，副本留档。副本应包括检验报告、抽样单或样品委托单、检测任务单、样品流转单、检测原始记录及其相关联的图谱或仪器测试数据等。

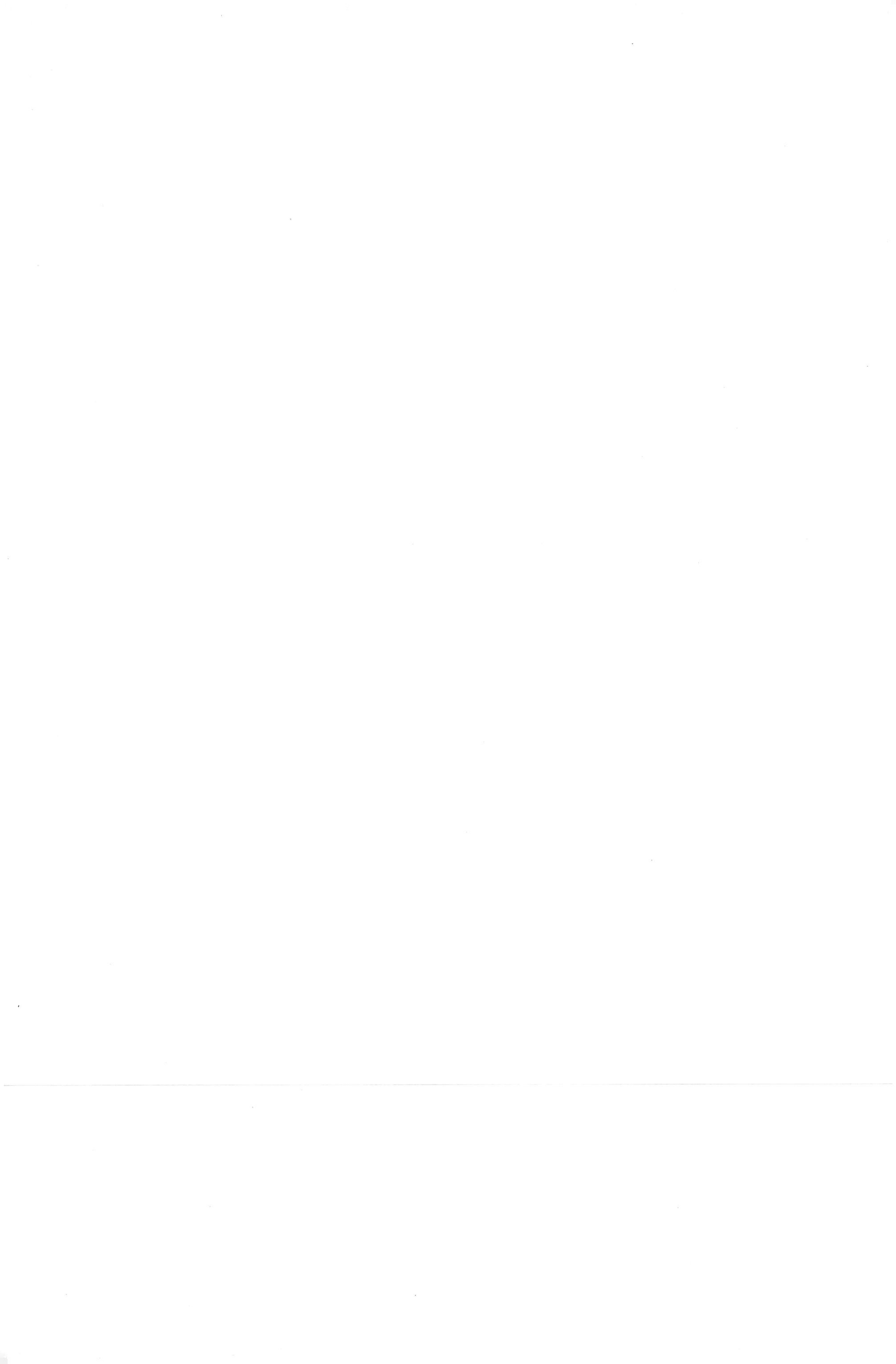